Despertar para a noite

e outros ensaios sobre a Shoah

Autora Lyslei Nascimento
Projeto Gráfico Adriano Ávila Alamy
Diagramação Caroline Gischewski
Revisão Késia Oliveira

Editores Cláudia Masini
Thásia de Medeiros

Catalogação na Publicação (CIP)

N244

Nascimento, Lyslei
Despertar para a noite e outros ensaios sobre a Shoah / Lyslei Nascimento.
- Belo Horizonte : Quixote+Do Editoras Associadas, 2018.
172 p.

ISBN 978-85-66256-40-6

1. Holocausto - Discursos, ensaios e conferências. 2. Holocausto judeu (1939-1945) na literatura. 3. Holocausto judeu (1939-1945) no cinema. I. Título.

CDD: 940.5318

Bibliotecária responsável Fernanda Gomes de Souza CRB-6/2472

EDITORAS ASSOCIADAS

Quixote+Do Editoras Associadas
www.quixote-do.com.br
31 3227.3077

Lyslei Nascimento

Despertar para a noite

e outros ensaios sobre a Shoah

EDITORAS ASSOCIADAS

2018

Para
Berta Waldman
e Nancy Rozenchan

Aos queridos alunos da Faculdade de Letras,
do Programa de Pós-Graduação em Letras: Estudos Literários
e do Núcleo de Estudos Judaicos
da Universidade Federal de Minas Gerais:
André Souza,
Breno Rodrigues,
Filipe Menezes,
Juliano Klevanskis,
Késia Oliveira,
Maria Silvia Guimarães,
Matheus Santos,
Ricardo Garro,
Rosemary Souza e
Thalita Alvarenga.

Aos amigos muito queridos:
Ana Cecília Carvalho,
André Mendes,
Julio Jeha e
Luiz Nazario.

Pelo apoio e patrocínio:
CNPq,
FAPEMIG,
FALE,
Pós-Lit/CAPES/PROEX.

Cada homem tem a difícil tarefa de diminuir ao máximo a tremenda dimensão dessa "substância" que polui cada vida, a dor em todas as suas formas; é estranho, mas belo, que se chegue a esse imperativo até mesmo a partir de pressupostos radicalmente diversos.

(Primo Levi)

Sumário

Prefácio

Os ensaios que compõem este livro, aqui revistos e atualizados, foram produzidos e publicados ao longo de cerca de vinte anos de minha atuação como professora de literatura na Faculdade de Letras da Universidade Federal de Minas Gerais (UFMG). Resultado de projetos de pesquisa e de ensino, busquei, em todos eles, o diálogo da literatura com o cinema, com a fotografia e com as artes plásticas e visuais.

O recorte, como não poderia deixar de ser, é a Shoah. Tenho me dedicado, desde o início de minha carreira, em meados dos anos 1990, ao estudo dessa catástrofe que se abateu sobre a humanidade no século XX e das suas intrincadas formas de inscrição nas manifestações artísticas contemporâneas, sobretudo, na literatura.

Interessa-me, nesse campo de estudo, não a submissão à sentença que, muitas vezes, pende sobre a cabeça do leitor ou do pesquisador: a de que, numa literatura ou obra artística marcada pelo trauma, estaríamos atuando no campo da afasia, da mudez ou do esquecimento.

Ao contrário, tenho constatado que os testemunhos, tanto em textos que assumem a ficção como estratégia enunciadora (como o conto, a poesia, o romance, as artes plásticas e visuais) quanto o depoimento (a biografia, o diário, o ensaio), não deixam que os mecanismos para ensurdecer, cegar e emudecer, nem as obliterações da memória, façam cair no vazio as manifestações que, a contrapelo, como queria Walter Benjamin, insistem em resistir.

Estes ensaios nasceram, portanto, de algumas interrogações sobre a função dos memoriais, dos testemunhos e dos museus, que estudei em "Despertar para a noite: a memória da Shoah". Quando analiso os contos "*Deustches Requiem*" e "O milagre secreto", de Jorge Luis Borges, em "Jorge Luis Borges contra o nazismo", busco, na esteira de Beatriz Sarlo, aproximar-me de personagens na situação-limite da Shoah. A memória, o passado e a sobrevivência do texto enquanto testemunhos são recriados e rearranjados no texto literário. A ambiguidade de papéis e a desordem impetrada pela sobrevivência impõem um tratamento que não a cristalização do passado. Dessa forma, tanto os relatos dos sobreviventes quanto os contos de Borges, além da memória inscrita nos museus, evidenciam uma necessidade de se narrar sem se deixar prender pelo dado factual do documento. A arte sugere, então, outro caminho, outra via de acesso à revisitação de arquivos traumáticos como os dos sobreviventes.

Em "Poetas em tempos sombrios: Vinicius de Moraes e Jorge Amado", aproximo os escritores brasileiros, não judeus, à temática da Segunda Guerra Mundial e da Shoah a partir da poesia. Tanto Amado quanto Moraes, nas imagens da Judia de Varsóvia e dos mortos no campo de concentração, empreendem uma reação por intermédio da força expressiva da palavra poética. Nenhum dos dois textos é passivo, omisso ou produz um elogio do soterramento e do esquecimento. As metáforas utilizadas pelos poetas são terríveis e deixam o leitor desenraizado. Porém, ao correr da pena, elas revelam não só as penas, mas a necessidade de, mais do que um fantasma ou de um esqueleto, termos, sempre, diante de nós, o corpo e o arquivo vivo da Shoah e, como Benjamin, deixar evidente, que "se o inimigo vencer, nem os mortos estarão em segurança".

O capítulo seguinte trata de *A Guerra no Bom Fim*, primeiro romance de Moacyr Scliar. A trama mescla um realismo mágico com uma boa dose de fantasia infantil. O narrador, adulto, relembra sua infância na Porto Alegre dos anos 1940, no bairro Bom Fim, o coração judaico da capital gaúcha. O narrador busca, na memória, o garoto que outrora fora, em meio às brincadeiras e a notícias da Segunda Guerra e dos efeitos maléficos que esse acontecimento provocou não só na Europa, mas também no Brasil.

A leitura de *Ver: amor*, de David Grossman, foi um importante passo para se compreender o impacto da Shoah na vida israelense que é ficcionalizada no romance. A tentativa de representação da catástrofe por meio de listas e de enumerações e a estratégia radical de narrar por verbetes, faz do texto de Grossman uma chave de leitura para a produção artística contemporânea. Observei, principalmente, o que resta, não o que foi perdido, nos arrolamentos presentes nesse livro fundamental.

A história narrada no romance *Os anagramas de Varsóvia*, de Richard Zimler, deu-me oportunidade de aproximar os elementos tradicionais da narrativa policial, como o crime, o trabalho investigativo e sua narração, com uma trama permeada pela contingência da segregação, a experiência do gueto. Essa imbricação põe o leitor diante de uma narrativa labiríntica, em abismo. Diante do mal, sua crueldade estampada na tortura, no assassinato sumário e na violação de todos os direitos do indivíduo, a série de crimes contra crianças dentro do gueto reafirma a quase onipotência do mal e sua materialidade, exibindo, desse modo, a condição dos judeus durante o nazismo.

Em "Humor e Shoah: *O trem da vida*, de Radu Mihaileanu" e "O tango e o tango dos Rashevski", estudo, em dois filmes, metáforas da vida arquivada durante e pós-Shoah. No primeiro ensaio, o teatro é uma estratégia de sobrevivência da comunidade judaica. A representação tem, apesar disso, os seus riscos quando o papel sobrepuja o ator e se vislumbra a falta de limite entre a ficção e a realidade. No segundo, o filme, inspirado na história dos roteiristas, coloca em cena uma família judaica belga que, até a morte de sua matriarca, não tem consciência da sua tradição cultural e religiosa. Assim, a história de três gerações de mulheres se entrelaça, revelando não só as alegrias e as agruras do pertencimento familiar, mas as contingências da aproximação com o outro, mesmo em situações adversas.

No ensaio "Arquivos possíveis: *Sob céus estranhos*, de Daniel Blaufuks", imerso num universo de exilados em Portugal, o fotógrafo e escritor alinhava vestígios de memórias, recriando, a partir de fotografias e de pequenas narrativas, os textos que compõem o livro. Abordei, nesse capítulo, o que poderia ser chamado de "uma poética da coleção". Essa estratégia tende a revelar um movimento pendular da escrita, entre a ficção e a história, que intenta impedir a petrificação do passado como em um arquivo morto.

Jorge Luis Borges, Walter Benjamin e Italo Calvino estiveram presentes em todas essas reflexões. Calvino, especialmente em *Seis propostas para o próximo milênio,* acompanhou-me de perto. Sua visão lúcida e atual amplia, ainda, o olhar de todos aqueles que pensam a literatura como um dos Direitos Humanos, um bem cultural. Nesse livro, vale lembrar, o escritor lista a leveza, a exatidão, a rapidez, a multiplicidade, a visibilidade e a imaginada, mas não escrita, consistência, como valores que somente a literatura poderia salvaguardar. Após essas leituras, a essas propostas incompletas, pois que abertas, poderia acrescentar a resistência, o rastro e os vestígios da Shoah em nossos dias.

Despertar para a noite: a memória da Shoah

Nem os mortos estarão em segurança, se o inimigo vencer.
(Walter Benjamin)

Elie Wiesel afirmou, em certa ocasião, que a maioria dos sobreviventes da Shoah que se tornou escritor fala relativamente pouco sobre esse trabalho. Mas seria trabalho a palavra correta para designar as narrativas e os monumentos construídos sobre a Shoah?[1] Quando criança, Wiesel duvidava de que contar histórias pudesse ser um ofício sério, porque, frequentemente, as histórias não eram verdadeiras. Ironizando, ele argumenta que todo mundo sabe que as histórias são, por definição, fantasias daqueles que não sabem fazer outra coisa.[2]

[1] A palavra "holocausto", embora consagrada pela historiografia, tem uma conotação de sacrifício, de imolação em chamas, como se os judeus tivessem se sacrificado em nome de alguma coisa. Dar qualquer sentido religioso ao genocídio praticado pelos nazistas me parece equivocado. Assim, na medida do possível, preferirei o uso do termo "Shoah" (que pode ser traduzido por "catástrofe") a holocausto. Cf. CYTRYNOWICZ, Roney. *A memória da barbárie*: a história do genocídio dos judeus na Segunda Guerra Mundial. São Paulo: Edusp / Nova Stella, 1990. p. 13-14.

[2] Esse depoimento faz parte de uma série que o jornal *The New York Times* publicou em que alguns escritores falavam sobre o ofício literário. Cf. WIESEL, Elie. *The New York Times Web*. Disponível em: <http//www.nytimes.com/arts>.

Wiesel confessa que achava os escritores desajeitados, preguiçosos e até inúteis. Na verdade, até se poderia viver sem eles. Na escola, ele era forçado a ler romances romenos e húngaros que não lhe eram interessantes. Nem os títulos nem os nomes desses autores ficaram em sua memória, porque ele estava absorvido na leitura da literatura sagrada. As histórias e seus comentários sobre o sacrifício de Isaac, a luta de Jacó com o anjo, a revelação no Sinai ou a morte solitária de Moisés interessavam-lhe muito mais do que as aventuras ficcionais que era obrigado a ler.

Havia também a leitura do Talmude com seus debates tempestuosos e o poder fascinante de suas lendas. Esses escritos ofereciam a resolução de enigmas e mistérios com a ajuda dos comentários de mestres e de discípulos que, no passado, tentavam traduzir e interpretar o seu apelo simbólico. Apesar de, muitas vezes, resoluções mágicas cooperarem para o desfecho de um problema, essas histórias eram as favoritas do menino que se tornaria, mais tarde, uma testemunha do seu tempo pela escrita.

Ouvir o avô contar essas histórias sagradas era ser transportado para um mundo à parte – um reino alegre em que os maus eram humilhados e punidos, enquanto suas vítimas esqueciam seus infortúnios e se descobriam invocando seu direito à felicidade – conclui o escritor. Esse era um mundo em que os milagres faziam parte da vida cotidiana. Ao se sentir próximo dos mendigos e dos loucos que perambulavam por florestas habitadas por príncipes apaixonados e por princesas exiladas, Wiesel declara que essas histórias elevam a alma, não sem uma gargalhada cruel que marca a presença de demônios prestes a encarcerar o coração do homem para consolidar seu reino.

O universo estranho e misterioso da tradição judaica que está presente na obra de Wiesel de forma contundente o torna, segundo ele mesmo afirma, irremediavelmente, uma testemunha da tradição cultural e histórica do seu povo. Para ser testemunha da Shoah, no entanto, nem a sabedoria talmúdica nem os romances foram de muita ajuda. Apesar de todas as suas leituras, pois, nesse meio tempo, Wiesel estudara os clássicos franceses, alemães e norte-americanos, ele se sentia incapaz e indigno de cumprir essa tarefa como sobrevivente: "Eu tinha coisas a dizer, mas não as palavras para dizê-las", afirma.

Dessa amarga declaração sobre a narrativa, pode-se retirar uma reflexão. No contexto atual, em que a literatura, tal como a conhecemos tradicionalmente, perde sua especificidade para outros discursos, outras tecnologias, o grande entrave à escrita e à leitura é, em primeiro lugar, essa sensação de indignidade e de incapacidade de cumprir a tarefa do texto, ou seja, uma impossibilidade de se tirar partido simbólico das coisas. Nesse sentido, a escrita e a leitura ainda são enigma e desafio.

Italo Calvino em *Seis propostas para o próximo milênio* já postulava:

> Não estou aqui para falar de futurologia, mas de literatura. O milênio que está para findar-se viu o surgimento e a expansão das línguas ocidentais modernas e as literaturas que

> exploraram suas possibilidades expressivas, cognoscitivas e imaginativas. Foi também o milênio do livro, na medida em que viu o objeto-livro tomar a forma que nos é familiar. O sinal talvez de que o milênio esteja para findar-se é a freqüência com que nos interrogamos sobre o destino da literatura e do livro na era tecnológica dita pós-industrial. Não me sinto tentado a aventurar-me nesse tipo de previsões. Minha confiança no futuro da literatura consiste em saber que há coisas que só a literatura com seus meios específicos nos pode dar.[3]

A sobrevivência da narrativa e da literatura na contemporaneidade parte, assim, de acordo com Calvino, de um impasse diante da era tecnológica. Esse impasse, originado no pós-guerra, denuncia uma falência da voz e da escrita em relação à imagem. Os textos derivados ou originados na Shoah se configuram não mais como uma grande história a ser contada, mas como narrativas entrecortadas de silêncios e de recordações que evidenciam o fim da grande narrativa e trazem, para os novos tempos, o pequeno relato.

A Primeira Guerra Mundial funda, para Walter Benjamin, o pressuposto de que aquele que retorna, o sobrevivente, não volta com histórias para contar. Diante de um mundo arruinado, a perda da esperança é o maior deflagrador dessa nova condição. Ao observar o fracasso da *Erfahrung*, da experiência, e o fim da arte de contar, Benjamin ressalta que esta se torna cada vez mais rara, porque ela parte, basicamente, da "transmissão de uma ex-

[3] CALVINO, Italo. *Seis propostas para o próximo milênio*. Trad. Ivo Barroso. São Paulo: Companhia das Letras, 1991. p. 11.

periência no sentido pleno, cujas condições de realização já não existem na sociedade capitalista moderna".[4]

Em "Experiência e pobreza",[5] Benjamin argumenta que os combatentes voltavam silenciosos do campo de batalha e mais pobres em experiências comunicáveis, dignas de servirem de exemplo e de inspiração. Os livros sobre a guerra, que inundaram o mercado editorial nos anos seguintes, ostentavam uma nova forma de miséria e de experiência: a estratégica, fomentada pela guerra de trincheiras; a econômica, deflagrada pela inflação; a do corpo arruinado pela fome e a moral perpetrada pelos governantes. Adviria daí, segundo o filósofo, uma desilusão radical com o século XX.[6] Em "Sobre o conceito da História",[7] ele reitera que nunca houve um monumento da cultura que não tenha sido também um monumento da barbárie.[8] Nesse sentido, as narrativas e a arte que foram produzidas a partir da guerra configuraram-se enquanto monumentos construídos, a despeito das inúmeras tentativas de emudecimento, a partir de vestígios de bens culturais recuperados como despojos.

---

[4] GAGNEBIAN, Jeanne M. Walter Benjamin ou a história aberta. In: BENJAMIN, Walter. *Magia e técnica, arte e política*: ensaios sobre literatura e história da cultura. Trad. Sérgio Paulo Rouanet. São Paulo: Editora Brasiliense, 1993. *Obras escolhidas,* v. 1. p. 113-119. p. 10.

[5] BENJAMIN, Walter. Experiência e pobreza. In: _____. *Magia e técnica, arte e política*: ensaios sobre literatura e história da cultura. Trad. Sérgio Paulo Rouanet. São Paulo: Editora Brasiliense, 1993. *Obras escolhidas,* v. 1. p. 113-119.

[6] Cf. BENJAMIN, 1993, p. 117.

[7] BENJAMIN, Walter. Sobre o conceito da História. In: _____. *Magia e técnica, arte e política*: ensaios sobre literatura e história da cultura. Trad. Sérgio Paulo Rouanet. São Paulo: Editora Brasiliense, 1993. *Obras escolhidas,* v. 1. p. 222-232.

[8] Cf. BENJAMIN, 1993, p. 225.

Em *O fim da modernidade*, Gianni Vattimo acrescenta que o conceito de monumentalidade, que caminha simultaneamente com o de memória, não possui uma função de autorreferência do sujeito. Ele é, antes de tudo, talvez inclusive do ponto de vista da antropologia, um monumento fúnebre feito para conservar o vestígio e a memória de alguém através dos tempos, mas para outros.[9] Nessa perspectiva, o monumento não é uma obra em que se identificam, sem resíduos, forma e conteúdo, mas o que sobrevive nela, projetado como uma espécie de máscara mortuária. Não a marca de uma vida plena, mas vestígios de mortalidade. Como no exemplo do templo grego,

> que só carrega seus significados (e, portanto, abre seu mundo) em virtude de deixar inscrever na sua superfície de pedra os sinais do tempo: da luz cambiante do dia aos ventos e às estações, até os vestígios "destrutivos" do passar dos anos e dos séculos. Toda essa exposição à terrestridade e à mortalidade, que, para uma coisa – instrumento do cotidiano, só serve num sentido limitativo e destrutivo, tem, para a obra de arte, um sentido positivo, do mesmo modo que são positivas para ela as vicissitudes – ligadas à sucessão das gerações, logo à morte – da fortuna ou desfortuna crítica, da variação e cristalização sucessivas das interpretações.[10]

---

[9] VATTIMO, Gianni. *O fim da modernidade*: niilismo e hermenêutica na cultura pós-moderna. Trad. Eduardo Brandão. São Paulo: Martins Fontes, 1996. p. 67.

[10] VATTIMO, 1996, p. 68.

A inscrição dos sinais do tempo na obra de arte se configura, pois, como uma marca de morte. A cicatriz afirma, também, a condição de sobrevivência desse monumento que jaz marcado pelo passar inexorável do tempo. De forma semelhante, o artista do pós-guerra, ao construir sua obra, efetua o que poderia ser visto como uma rasura sobre uma tradição que a história resolveu selecionar para preservar e reencena um outro ponto de vista que se estabelece sobre o texto da tradição como uma marca, uma cicatriz sobre o monumento.

O texto ou a obra de arte de testemunho possui, desse modo, certo caráter de culto aos mortos que, não por acaso, pode ser ilustrado com a anedota acerca de Simônides (c. 556-468 a.C.). Contada, entre outros, por Cícero, Quintiliano e La Fontaine, ela relata a sobrevivência do poeta de um desabamento de uma sala de banquete onde se comemoravam as vitórias de um atleta. Após o desastre, os parentes das vítimas não puderam reconhecer os seus familiares mortos por estarem desfigurados sob as ruínas. Então, recorreram a Simônides, o único sobrevivente, que, graças à sua mnemotécnica, a arte da memória, conseguiu se recordar de cada participante do banquete, na medida em que se lembrou do local exato ocupado por eles no momento da catástrofe.[11]

---

[11] Na língua portuguesa, a partir da etimologia da palavra "esquecer" que deriva de *cadere*, cair, é possível construir uma interpretação em que o desmoronamento apaga a vida, as construções, mas também está na origem das ruínas – e das cicatrizes que sobrevivem ao apagamento completo. A arte da memória, assim como a literatura de testemunho, é, sobretudo, uma arte da leitura de cicatrizes. Cf. COLOMBO, Fausto. *Os arquivos imperfeitos*: memória social e cultura eletrônica. Trad. Beatriz Borges. São Paulo: Perspectiva, 1991.

A arte da memória estaria, assim, ligada à imagem e esta, por sua vez, a locais conhecidos. No dossiê "A literatura do trauma", Márcio Seligmann-Silva, ao estudar as complexas relações entre memória e testemunho no contexto judaico, afirma que aquele que se recorda percorre paisagens mnemônicas, descortinando ideias e narrativas por detrás das imagens.[12]

O exercício da memória constitui uma experiência fundamental para o povo judeu. No entanto, considerado como um dever, ele não é uma exaltação de um passado exemplar. Ao contrário, trata-se de uma expressão do frágil, de algo que se pode perder. Trata-se, pois, de rememorar o que não se tem garantia de permanência na recordação dos homens. A memória judaica se relaciona, desse modo, com aquilo que está ameaçado, com o que permanece em estado de intempérie e com o que a história dos vencedores, como dizia Benjamin, exila no esquecimento.

Para Ricardo Forster, o caráter judaico da memória é:

> Um modo de persistência, um fio que seguindo caminhos labirínticos reúne, sem entraves, tempos distintos, experiências diversas e biografias que sedimentaram minha própria tradi-

---

[12] SELIGMANN-SILVA, Márcio. A literatura do trauma. *Cult*: Revista Brasileira de Literatura. Dossiê Literatura de testemunho. São Paulo: Lemos Editorial e Gráficos Ltda., ano 2, n. 23, p. 42-63, jun. 1999. p. 46. O crítico analisa a relação entre memória e espaço a partir do plano de George Perec para redigir um livro que deveria se chamar *Les lieux* (*Os locais*) e no qual se tenta descrever o devir, no decorrer de doze anos, de doze lugares parisienses aos quais se está particularmente ligado. Também Walter Benjamin, tendo Berlim como topos, alavanca a memória autobiográfica a partir do espaço em *Infância berlinense* e *Crônica berlinense*.

> ção espiritual. Ser judeu é um modo de ler e interpretar, é essa percepção de ser um visitante em terra alheia, é também um encontro estranho com palavras de outros tempos e um tipo de inadiável dever ético que sempre está ali, quase escondido, mas trabalhando infatigavelmente sobre minha consciência.[13]

Os caminhos labirínticos, a coordenação de tempos, a condição de exílio e o dever da memória confluem de forma peculiar diante da Shoah. Após a Segunda Guerra Mundial, o fim da narrativa, da arte de contar, faz-se mais evidente. Jean-François Lyotard postula, como origem de novos paradigmas, a crise da ciência e da verdade ocorrida no fim do século XIX. Tal crise gerou uma incredulidade perante o metadiscurso filosófico e seus relatos permeados de pretensões atemporais e universalizantes.

Essa incredulidade pulverizou o grande relato em pequenas narrativas e corroeu a noção de ordem do imaginário moderno. Instaurou, a partir daí, outras perspectivas e uma desafiadora desordem que tornou impossível submeter todos os discursos, ou jogos de linguagens, à autoridade de um metadiscurso que se pretende síntese do significante, do significado e da própria significação, isto é, de tudo o que é hegemônico.[14]

Lyotard, ao afirmar que esses novos tempos pós-modernos caracterizam-se pela marca da incredulidade em relação aos metarre-

---

[13] FORSTER, Ricardo. *El exilio de la palabra*: en torno a lo judío. Buenos Aires: Editorial Universidad de Buenos Aires, 1999. p. 8-9.

[14] Cf. BARBOSA, Wilmar do Valle. Tempos pós-modernos. In: LYOTARD, Jean-François. *O pós-moderno*. Trad. Ricardo Correia Barbosa. Rio de Janeiro: José Olympio, 1986. p. vii.

latos – ao relato que exerce sobre seu próprio estatuto um discurso de legitimação – pressupõe que o saber contemporâneo não suporta essa arrogância, na medida em que a função narrativa perde seus atores, os grandes heróis, os grandes perigos, os grandes périplos e o grande objetivo:

> Ela se dispersa em nuvens de elementos de linguagem narrativos, mas também denotativos, prescritivos, descritivos, etc., cada um veiculando consigo validades pragmáticas *sui generis*. Cada um de nós vive em muitas encruzilhadas. Não formamos combinações de linguagem necessariamente estáveis, e as propriedades destas por nós formadas não são necessariamente comunicáveis.[15]

A impossibilidade de se erigir uma literatura grandiosa a partir da Shoah judaico e, apesar disso, ter confiança no futuro, parece ter sido o que fez prevalecer a narrativa dos sobreviventes sobre o olvido. Os relatos são, assim, construídos com vestígios ou fragmentos de memórias. Estes apontam para uma literatura, ou uma arte, estruturada a partir de pequenas histórias que, na maioria das vezes, exibe a falência de um desejo de tradução de uma memória que corresponderia fielmente ao relato. Configura-se, desse modo, não uma grande narrativa, mas várias narrativas residuais.

Elaborar, a partir daí, um relato que se autolegitima não faz mais sentido. E não faz mais sentido na medida em que os sobreviventes fazem emergir outros saberes, disseminados por suas histórias

---

[15] LYOTARD, 1986, p. xvi.

particulares, privadas, miúdas, fora de uma ordem institucionalizada, de um saber hegemônico. Essas histórias deixam vislumbrar restos e fragmentos de memórias, sendo, assim, matérias que se apresentam como prova da tentativa de aniquilamento.

Os judeus, diante da condição do gueto e dos campos de concentração e de morte, só podem viver fora da lei, da ordem imposta, escreve o historiador e arquivista incansável Emanuel Ringelblum. Em seu diário do gueto de Varsóvia, ele relata a coordenação de um grupo clandestino que procurava registrar a vida judaica do mais simples cotidiano até as manifestações culturais e artísticas. Os livros com as anotações foram enterrados dentro de latões de leite e outros recipientes em lugares secretos antes da destruição do gueto em 1943.[16] Esses livros de anotações e registros configuram-se como um arquivo da memória judaica, uma história humana que se vê acossada pelo medo do extermínio, mas que, todavia, cria mecanismos de sobrevivência.

Esse arquivo, como um corpo, é fragmentado, disseminado e enterrado. A esperança do historiador é que, mesmo que algumas partes desse *corpus* se extraviem em sua disseminação, outras poderão ser encontradas pelos sobreviventes que, a partir delas,

---

[16] Emanuel Ringelblum foi preso durante o levante do gueto e enviado para um campo de trabalhos forçados, de onde fugiu para se refugiar em Varsóvia. Em janeiro de 1944, recusou-se a ser enviado a salvo para Londres pela resistência polonesa. Descoberto pela Gestapo, foi executado com a esposa e o filho em 7 de março de 1944. Uma parte dos arquivos coordenados por ele foi encontrada depois da guerra. Cf. VIDAL-NAQUET, Pierre. *Los judíos, la memoria y el presente*. Buenos Aires: Fondo de Cultura Económica, 1996. p. 242.

terão condição de reconstruir, mesmo que parcialmente, o corpo, o arquivo. Dessa forma, as vidas silenciadas nos campos nazistas, seja por meio do escamoteamento do nome próprio e a sua tradução em número tatuado no braço, seja pelo confisco dos bens particulares para soterramento da memória, ressurgem como corpos-arquivos pelas mãos e pelas vozes dos narradores. O corpo-arquivo, disseminado pelas estratégias de sobrevivência da memória, é, pois, recuperado pela narrativa dos sobreviventes ou de seus porta-vozes.

O *corpus* das narrativas da Shoah engendra-se, de forma paradigmática, como pequenos relatos que subvertem o saber que se constitui a partir da noção de ordem e de totalidade. Esses arquivos fragmentários, o corpo judaico disseminado, podem ser configurados como uma metáfora da narrativa na contemporaneidade. Ao revisitar o episódio da Shoah, delineia-se, para o escritor e para o leitor, um empreendimento impossível de ser totalmente apreendido. Cercar o fato histórico em sua barbárie e contorná-lo pela palavra ou pela arte, costurando textos e registros infames, é, sobretudo, lançar-se numa tarefa que, de antemão, já se anuncia como incompleta, residual e bárbara.

Para que a memória de muitos não se perca no olvido, foi e é preciso, ainda, exumar os fragmentos dos corpos, fazer a autopsia dos arquivos, empreender a arqueologia do sofrimento e construir relatos que aliviem o narrador e reafirmem, naquele que ouve, lê ou olha, alguma tradução, ainda que residual, da catástrofe. O esquecimento do flagelo seria, para as vítimas, como uma segunda morte. Como afirma Benjamin, "os mortos não estarão em segurança se o inimigo vencer".[17] Relembrar é, nessa perspectiva, vindicação e homenagem às vidas silenciadas pelo extermínio.

George Perec estabelece uma estreita relação entre escrita e memória:

> É isso o que digo, é isso o que escrevo e é isso o que se encontra nas palavras que traço e nas linhas que essas palavras desenham e nos brancos que o intervalo dessas linhas deixa aparecer: por mais que eu persiga meus lapsos ou passe duas horas matutando sobre o comprimento do capote de papai, ou busque em minhas frases, para evidentemente logo encontrá-las, as ressonâncias miúdas do Édipo ou da castração, sempre irei encontrar, em minha própria repetição, apenas o último reflexo de uma fala ausente na escrita, o escândalo do silêncio deles e do meu silêncio: não escrevo para dizer que não direi nada, não escrevo para dizer que não tenho nada a dizer. Escrevo: escrevo porque vivemos juntos, porque fui um no meio deles, sombra no meio de suas sombras, corpo junto de seus corpos; escrevo porque eles deixaram em mim sua marca indelével e o vestígio disso é a escrita. A lembrança deles está morta na escrita; a escrita é a lembrança de sua morte e a afirmação de minha vida.[18]

Nesse trecho, a confissão dos lapsos está indissociavelmente ligada ao registro da escrita. Surgem, desse pequeno relato de Perec, várias outras histórias em fragmentos que insurgem contra

---

[17] BENJAMIN, 1993, p. 224-225.

[18] PEREC, George. *W ou a memória da infância*. Trad. Paulo Neves. São Paulo: Companhia das Letras, 1995. p. 54.

o esquecimento e instauram um saber que não se estrutura mais na apologia de si mesmo, mas na condição débil do escritor no último reflexo de uma presença ausente.

Os relatos da Shoah constituem, portanto, um campo de forças sobre o qual a literatura de testemunho se articula:

> de um lado a necessidade premente de narrar a experiência vivida; do outro, a percepção tanto da insuficiência da linguagem diante dos fatos (inenarráveis) como também – e com um sentido muito mais trágico – a percepção do caráter inimaginável dos mesmos e da sua conseqüente inverossimilhança.[19]

Evidenciada a fratura entre a linguagem e a experiência exibida nos corpos que foram sujeitos ao flagelo, caberia ao testemunho – texto que se encena sobre o signo do corpo fraturado da narrativa – articular a narrativa entre a possibilidade e a impossibilidade:

> O dado inimaginável da experiência concentracionária desconstrói o maquinário da linguagem. Essa linguagem entravada, por outro lado, só pode enfrentar o *real* equipada com a própria imaginação: por assim dizer, só com a arte a intraduzibilidade pode ser desafiada – mas nunca totalmente submetida.[20]

A condição residual dos relatos da Shoah exibe, desse modo, além de seu caráter de entrave e cisão, o estigma da incomunica-

---

[19] SELIGMANN-SILVA, 1999, p. 40.

[20] SELIGMANN-SILVA, 1999, p. 41.

bilidade, a não ser que os narradores impregnem sua experiência com a arte, uma aproximação à tradução. Não como redenção e recuperação total do passado, mas deixando que paire no discurso sua condição de incompletude.

Perec afirma que "o indizível não está escondido na escrita, aquilo que muito antes a desencadeou".[21] O caráter indizível da Shoah – a lembrança da morte e a afirmação da vida – seria a condição peculiar dessa escrita. Daí, é possível dizer que a linguagem nasce de um vazio, de um silêncio; a cultura, do sufocamento da natureza; e o simbólico, de uma reescritura do real. A literatura de testemunho não está, por assim dizer, na existência ou não da realidade, mas na capacidade do escritor e do artista de percebê-la, de simbolizá-la, de traduzi-la.

Em *Os afogados e os sobreviventes*, Primo Levi faz uma reflexão importante sobre a incredulidade diante do absurdo dos campos de extermínio. Levi lembra a fala de um SS aos prisioneiros: "Seja qual for o fim desta guerra a guerra contra vocês nós ganhamos; ninguém restará para dar testemunho, mas, mesmo que alguém escape, o mundo não lhe dará crédito".[22] Esse descrédito impõe outro olhar sobre essas histórias que intentam contornar, pela escrita, a violência sofrida. O sobrevivente – aquele que testemunha e/ou vive o infortúnio – possui, basicamente, dois sentimentos paradoxais em relação às lembranças que podem intervir no ato de contar suas experiências. O primeiro é o do silêncio.

---

[21] PEREC, 1995, p. 54.

[22] LEVI, Primo. *Os afogados e os sobreviventes*. Trad. Luiz Sérgio Henriques. São Paulo: Paz e Terra, 2004. p. 9.

Não contar para esquecer. Enclausurar as imagens, os sons e os odores do sofrimento para que o tempo se encarregue de apagá-los. O outro é narrar para se libertar.

A tarefa do narrador é árdua e ambígua. O confronto constante com a memória da catástrofe, a ferida aberta, envolve tanto a resistência quanto a superação. A irrepresentabilidade da Shoah é um ocaso da linguagem diante desse real que se apresenta como insuportável. A necessidade da sobrevivência impõe aos narradores, artistas e historiadores, uma forma de trazer à tona e reconstruir um arquivo a partir de uma memória dolorosa, esparsa, e que não se deixa apreender completamente.

Alguns artistas, a partir da Shoah, produziram um *corpus* de trabalhos que, ao recontar o episódio, traduziram de forma inusitada várias formas da lembrança e do esquecimento. A obra de arte se inscreve, pois, entre o tempo perdido e o tempo recuperado. Diante das narrativas que compõem o acervo da literatura de testemunho, é possível rastrear exemplos de como essa memória foi inventariada. Sobreviventes e porta-vozes dessa história – no discurso dos avós, dos pais, dos filhos e dos netos – realizam uma insurreição contra o esquecimento total ao reinventarem a história como homenagem ou como uma forma de escapar às traumáticas lembranças.

Luiz Costa Lima em *Mímesis: desafio ao pensamento*, afirma:

> Assim como há amores inesquecíveis, há pesadelos irremediáveis. O holocausto é o pesadelo do nosso fim de século.

> Depois de saber-se que ele foi possível, como, mesmo de um ponto de vista estritamente profano, ainda seria possível levar a sério uma história evolucionista da espécie humana?[23]

Para o crítico, na representação da Shoah, a realidade, por mais que esta seja um termo vago e impreciso, não é um fato da linguagem e não é possível arquivar, para esquecer, essa embaraçosa questão. O esquecimento, portanto, seria uma espécie de autoengano e, independentemente das explorações políticas e comerciais que têm sido feitas da sua representação, a Shoah, segundo Costa Lima, é um caso-limite, uma situação exemplar para quem quer que se indague sobre a condição do homem.

Há outros narradores que sobreviveram nos fragmentos de cultura e na tradição em que estavam inscritos. Primo Levi narra em *É isto um homem?*[24] um episódio do campo de concentração que permite demonstrar como a memória sobrevive ao flagelo a partir de resíduos. No capítulo intitulado "O canto de Ulisses", o narrador rememora a amizade com Jean, um jovem alsaciano que podia se expressar em francês e em alemão e que, no entanto, pede a Levi que lhe ensine italiano. Sobreviver é, sobretudo, aprender. O tempo que eles têm é somente de cerca de uma hora ou o tempo que se levava da cozinha até a cisterna. Levi foi escolhido por Jean para ajudá-lo com o caldeirão de sopa e, assim, poder aprender a língua de Dante.

---

[23] COSTA LIMA, Luiz. *Mímesis*: desafio ao pensamento. Rio de Janeiro: Civilização Brasileira, 2000. p. 247.

[24] LEVI, Primo. *É isto um homem?* Trad. Luigi Del Rey. Rocco: Rio de Janeiro, 1988.

Como moço de recados e escriturário, a Jean cabiam algumas tarefas como limpar o barracão, entregar as ferramentas, lavar as gamelas e fazer a contabilidade das horas de trabalho dos prisioneiros. Jean era um sobrevivente e, pouco a pouco, ganhou alguma confiança do comandante do campo. Levi escreveu, depois, que certamente a mãe de Jean ficaria atônita se soubesse que seu filho conseguira se safar; que dia após dia ainda se safava.[25] Na lição de italiano, Levi destaca a importância do aprendizado, mesmo em meio a situações adversas. Eles não tinham muito tempo. À memória de Levi vem "O canto de Ulisses":

> Quem sabe como e por que veio-me à memória, mas não temos tempo para escolher, esta hora já não é mais uma hora. Se Jean é inteligente, vai compreender. Vai: hoje sinto-me capaz disso. Quem é Dante? Que é a Divina Comédia? Que sensação estranha, nova, a gente experimenta ao tentar esclarecer, em poucas palavras, o que é a Divina Comédia. Como está organizado o Inferno. O que é o "contrapeso", que liga a pena à culpa. Virgílio é a razão. Beatriz a teologia.[26]

Lento e cuidadoso, começa a recitar: "*Lo maggior corno della fiamma antica Cominciò a crollarsi mormorando.*[27] Levi recita, para e tenta traduzir. Para ele, foi um desastre: "coitado de Dante e coitado do francês!" Depois, um buraco na memória, outro esquecimento; vem à tona um fragmento que ele julga inaproveitável. Será

---

[25] Cf. LEVI, 1988, p. 114.

[26] LEVI, 1988, p. 114.

[27] "Eis que a ponta maior da chama antiga / começou a mover-se, crepitando". LEVI, 1988, p. 114.

que está certo? Os versos vêm e vão. Ele cederia sua ração de sopa pelos versos finais. Há um esforço para reconstruir a ligação entre a lembrança e o esquecimento por meio das rimas:

> Fecho os olhos, mordo os dedos; não serve, o resto é silêncio. Dançam-me pela cabeça outros versos: "*La terra lagrimosa diede vento...*" ("A terra lacrimosa abriu-se em vento...")... não, é outra coisa. É tarde já, é tarde, chegamos à cozinha, vou ter que concluir [...].[28]

Levi segura o escriturário. É absolutamente necessário e urgente que ele escute o fim da narrativa, que ele compreenda o que significam as palavras em italiano, antes que seja tarde demais para ambos. Amanhã, afirma:

> ou ele ou eu poderemos estar mortos ou não nos rever nunca mais, devo falar-lhe, explicar-lhe o que era a Idade Média, esse anacronismo tão humano e necessário e no entanto inesperado, e algo mais, algo grandioso que acabo de ver, agora mesmo, na intuição de um instante, talvez o porquê do nosso destino, do nosso estar aqui hoje...[29]

Ambos, narrador e ouvinte, são sobreviventes. Por isso, não importa esse contexto a que tanto aspira Levi. A recordação do verso de Dante, mesmo por meio de fragmentos, perfaz uma sobrevivência da cultura que ali se tenta silenciar. O canto lembrado

[28] LEVI, 1988, p. 117.
[29] LEVI, 1988, p. 117.

é, como não poderia deixar de ser, o do Inferno, o XXVI, em que Ulisses narra a sua própria morte.

Escritores como Primo Levi, Aharon Appelfeld, Paul Celan, Elie Wiesel, David Grossman e Noemi Jaffe são alguns desses narradores, testemunhas e arquivistas que, ao reencenarem os fatos históricos pelo testemunho, pela prosa ou pela poesia, contribuem para perpetuar essa memória. Artistas como Christian Boltanski, Cindy Sherman, Leila Danziger e Daniel Blaufuks arquivam e desarquivam coleções de memórias. Acercar-se de todos eles e de suas narrativas é um trabalho inesgotável. Só é possível vislumbrar a memória, que eles engendram, a partir de trechos, momentos, vidas recuperadas de forma fragmentária e parcial.

Os relatos sobre a Shoah que ainda hoje são produzidos lutam contra uma amnésia que ameaça e, ao mesmo tempo, reinventa a memória. Os sobreviventes estão envelhecendo e o testemunho daqueles que viveram, viram ou ouviram a catástrofe poderia estar se perdendo com eles. O que mantém suas memórias é as perguntas que continuam a serem feitas. A ameaça do esquecimento surge, sobretudo, se se fizer da memória um peso morto, uma visita melancólica ou até turística a um museu onde se guardam os restos de uma cultura ou de um tempo em dissolução.

Uma das políticas ou estratégias do esquecimento é, segundo Lyotard, construir monumentos recordatórios. Materializada, a memória corre o risco de abandonar seu trabalho de recriação permanente e silenciar o arquivo. O silêncio não é uma mera ausência, mas um ato de escapar à responsabilidade de manter a memória que sustenta o mundo, afirma Héctor Schmucler. Esquecimento, memória e responsabilidade se interpenetram e formam, dessa maneira, uma tríade que edifica e mantém a condição humana.[30]

Nesse sentido, o caráter de testemunha tem se modificado. Os escritores contemporâneos, que não vivenciaram a experiência da Shoah, reelaboram a memória, mantendo acesa a chama da lembrança por intermédio da ficção, da simulação da experiência, da incorporação dos papéis de relator ou copista da experiência. A urgência em manter viva uma memória alheia torna-se, em certa medida, uma forma de performance.

O historiador Yosef H. Yerushalmi afirma que a Shoah já engendrou mais pesquisas que qualquer acontecimento da história judaica. Porém, não há dúvidas de que sua imagem esteja sendo forjada, não pela bigorna do historiador, mas pelo cadinho do romancista.[31] Alguns artistas e escritores, frequentemente tomados por uma dolorosa nostalgia, encaram esse acontecimento tal qual o *Angelus Novus*, de Paul Klee, ou seja, são impulsionados para o futuro, arrastados pelos acontecimentos históricos, mas permanecem com o olhar sobre as ruínas.[32]

Talvez seja esta uma tarefa impossível: lidar com fragmentos e restos fugidios de experiência. Não é mais possível, nessa pers-

---

[30] Cf. SCHMUCLER, Héctor. Formas del olvido. *Confines*. Buenos Aires: Universidad de Buenos Aires, ano 1, n.1, p. 51–54, abr. 1995.

[31] Cf. YERUSHALMI, Yosef Hayim. *Zakhor:* história judaica e memória judaica. Trad. Lina G. Ferreira da Silva. Rio de Janeiro: Imago, 1992. p. 115.

[32] Cf. ALTER, Robert. *Anjos necessários*: tradição e modernidade em Kafka, Benjamin e Scholem. Trad. André Cardoso. Rio de Janeiro: Imago, 1992. p. 30.

pectiva, uma imagem de totalidade. Ao contrário, rearranja-se o passado no momento da escrita e da leitura.[33] A sensação de impotência do narrador, ou do escritor, e do ouvinte, ou do leitor, diante da Shoah, provoca fugas, desvios, simulações. Muitas vezes, a arte possibilita a voz adequada para narrar as memórias. Os primeiros documentários realizados no imediato pós-guerra foram tão espetacularmente realistas que geraram uma espécie de efeito perverso. As imagens, cruéis demais para serem aceitas como verdadeiras, provocavam a incredulidade na boa consciência dos espectadores e, ao serem desacreditadas, os absolviam da cumplicidade ou da omissão.

A memória da Shoah e a literatura de testemunho, na contemporaneidade, desconstroem a historiografia tradicional (e também os tradicionais gêneros literários) à medida que incorporam elementos ficcionais em suas composições e, por intermédio de simulações, lançam o leitor em um terreno movediço e virtual. Adélia Bezerra de Meneses afirma que a criação de uma história de vida e a atribuição de um passado, ou a construção de uma modalidade ficcional sobre a reminiscência, acabam por forjar uma memória rearranjada. Dessa forma, os traços mnemônicos que restam se associam a um passado que é recriado com o presente.[34]

---

[33] Cf. ALTER, 1992, p. 114.

[34] Cf. MENESES, Adélia Bezerra de. Memória, História e Ficção: Blade Runner. In: 2º. CONGRESSO ABRALIC: LITERATURA E MEMÓRIA CULTURAL, v. 1, 1991, Belo Horizonte. *Anais*... Belo Horizonte: CEGRAC, 1991. p. 207-217.

Essa estratégia permanece vinculada a uma modalidade da memória que quer manter o passado, mas mantê-lo ativo no presente. Em vez da tradicional forma de representação, em que se intenta construir uma espécie de petrificação e enquadramento da realidade tal qual ela ocorreu no passado, o seu registro virtual torna-se passível de reinvenção e de recontextualização, ou seja, a memória se apresenta expondo remendos, intervalos, ruínas, cicatrizes.

A memória encenada na literatura de testemunho não é só uma forma de se estabelecer uma relação com o passado, mas também de suprimir a distância que separa o leitor, ou o espectador, do acontecimento. O filme *Shoah*, 1985, de Claude Lanzmann, parece estar na contramão desse tipo de reinvenção histórica.[35] Nele, não há nenhum apelo melodramático. Nada de um ator representando um histriônico Hitler ou cadáveres amontoados. Cenários ou filmes de época não são usados, apenas testemunhos. São nove horas e meia de depoimentos pessoais de sobreviventes dos campos de Auschwitz, Sobibor, Treblinka e do gueto de Varsóvia. O cinema foi um dos meios de expressão que mais atuou na tomada de consciência do passado ativo e *Shoah* objetivou apresentar o que Vidal-Naquet chamou de "memória pura". Os personagens, homens que viveram o extermínio, de 1942 a 1945, são os protagonistas. Não são atores que representam um papel a eles confiado, mas testemunhas que foram chamadas a depor.

---

[35] LANZMANN, Claude. *Shoah*: vozes e faces do holocausto. Prefácio de Simone de Beauvoir. Trad. Maria Lúcia Machado. São Paulo: Brasiliense, 1987.

No filme de Lanzmann, os personagens são os sobrevivente, de um lado ou de outro. Ele optou, também, por não usar qualquer imagem que não seja a contemporânea, ou seja, o filme pretende não simular o passado, não o reconstruir imageticamente, não usar imagens de acervo ou arquivo. As construções, os trens, as pessoas são de uma realidade assustadora. Quando não se exibe nenhum documento de época e se apela ao sobrevivente para depor, o passado parece emergir sem mediação. O menino judeu de treze anos que era obrigado pelos alemães a cantar em Chelmno, quando o campo se chamava Kulmohof, no filme, é um velho que canta de frente ao rio que não deixou de correr. Nesse sentido, Lanzmann acaba por desenvolver outra performance. No prefácio ao roteiro do filme, ele declara: "Incrédulo, leio e releio esse texto exangue e nu. Uma força estranha o atravessa de um lado ao outro, ele resiste, vive de vida própria. É a escritura do desastre e é para mim um outro mistério".[36]

Mais recentemente, depois do sucesso de *A lista de Schindler*, 1993, Steven Spielberg fundou a Survivors of the Shoah Visual History Foundation. Sua intenção é criar o maior arquivo multimídia do mundo de testemunhos e depoimentos de sobreviventes da Shoah.[37] *A lista de Schindler*, no entanto, recebeu diversas críticas. Ricardo Forster afirma que o dinheiro oportuno de Schindler e o gesto espetacular de Spielberg trouxeram alívio e uma fabulosa catarse aos espectadores na sala de cinema. Contudo, o crítico

---

[36] LANZMANN, 1987, p. 14-15.

[37] A Survivors of the Shoah Visual History Foundation lançou em 1996, nos Estados Unidos, a sua primeira produção, o documentário *Survivors of the Holocaust*, de Allan Holzan, ainda inédito no Brasil.

vê, tal como Theodor Adorno, um perigo extraordinário na lembrança dos vencidos quando a indústria cultural se apropria dos sofrimentos para reconstruir, pela épica hollywoodiana, uma história cujo ensinamento exemplar vai além das vítimas.[38]

Ao acessar ou simular arquivos, compor ou decompor narrativas, escritores e artistas contemporâneos mesmo quando elaboram a memória da catástrofe, atestam uma espécie de despertar para a noite, ainda necessário, como queria Benjamin, de não manter no silêncio a memória, de não esquecer.

[38] Cf. FORSTER, 1999, p. 257-261.

Jorge Luis Borges contra o nazismo

> *[...] procura enumerar todas as "manifestações do verdadeiramente diabólico" e propõe esta lista: "a inveja, a malignidade, a mentira, o silêncio mesquinho, a verdade caluniosa, o difamador, o pequeno tirano, o queixoso envenenador da vida doméstica".*
>
> (Jorge Luis Borges)

Beatriz Sarlo afirma que Borges sempre resistiu a um uso político da literatura.[1] Na trama de alguns de seus relatos, ele entretece, de acordo com a ensaísta, uma resistência à ordem que é imposta cultural e politicamente. Para Sarlo, armar-se contra o poder consolidado pela arbitrariedade de decisões incompreensíveis ou por força de mitos que reforçam uma situação de dominação é um tema reiterado na obra do escritor. A partir desse ponto de vista, alguns textos de Borges se armariam em um campo de forças que enfrentam ideologias autoritárias, redefinindo espaços e textos, dando voz a esquecidos e vilipendiados, narradores do infortúnio.

Evidentemente, há uma crítica especializada em continuamente esmiuçar as palavras e as ações, ficcionais ou reais, de Borges. No ano em que se comemorava o centenário do seu nascimento, 1999, por exemplo, um sociólogo argentino reúne, sob o título de *Antiborges*, uma série de textos de escritores que, diante de um escritor laureado, se esforçam, pela escrita, em ofuscar-lhe o brilho. Essa antologia pretendeu ser uma página discordante da

---

[1] Cf. SARLO, Beatriz. *Borges, un escritor en las orillas*. Buenos Aires: Ariel, 1995. p. 177.

"sufocante hagiografia", conforme afirma seu organizador. No entanto, ao contrário, ela quase passa despercebida.[2]

O poeta Juan Gelman lembra, no entanto, nessa antologia:

> É conhecida a desorientação e também o horror das opiniões políticas de Borges. Elogiou Videla depois de um memorável almoço, deixou-se condecorar por Pinochet, opinou na Espanha pós-franquista que tudo era melhor com Franco, decidiu sugerir a Jimmy Carter um golpe de Estado. Mas em 1981 em plena ditadura militar e antes da Guerra das Malvinas, assinou uma solicitação que as Mães da Praça de Maio fizeram publicar no jornal *La Prensa* em favor dos seus filhos desaparecidos. [...] no documentário mencionado declarou: "Por ser cego e não ler jornais, eu era muito ignorante. Mas as pessoas vieram à minha casa (quando a ditadura ainda estava no poder) e me contaram histórias tristes sobre o desaparecimento de suas filhas, esposas, filhos, assim, agora eu estou bem informado. Durante um tempo não soube de nada. As notícias não me chegavam, mas agora essas coisas não podem ser ignoradas. Sim, muita gente me acusou de não estar atualizado. Mas o que eu podia fazer? Vivo sozinho, conheço muita gente, não leio jornais. Somente ouço o que meus amigos me dizem e eles pertencem a outra classe. Mas agora é claro que sei tudo sobre essa miséria e todos esses crimes, um após o outro. É por isso que não falei antes. Ignorância, querida senhora, pura ignorância, como dizia o doutor Johnson. Agora creio que sei mais e me sinto triste,

[2] Cf. LAFFORGUE, Martín (Org.). *Antiborges*. Buenos Aires: Javier Vergara Editor, 1999.

> amando como eu amo ao meu país". Disse Borges, com tristeza na voz e um arremedo de sorriso.[3]

De uma outra perspectiva, Sarlo efetua uma releitura do texto ensaístico e ficcional de Borges percebendo, em suas narrativas, um entrelugar que põe em xeque o discurso que acusa Borges de, no mínimo, ser ignorante sobre a condição política do seu tempo. A crítica encabeça, como é possível perceber, uma outra linha de intelectuais que vislumbram forças que se embatem no texto borgiano e promovem questionamentos sobre a ordem imposta ou sobre os modos como se consolida, se conserva ou se destrói as ideologias e o poder.[4] Tais aspectos pertencentes à dimensão filosófica da política raramente são mencionados em relação a Borges:

No momento em que Borges se preocupa pela pobreza mítica de Buenos Aires, o mundo já havia atravessado pela comoção de uma grande guerra; as potências ocidentais haviam se visto obrigadas a reconhecer a existência do estado soviético construído depois da revolução russa; o fascismo, implantado na Itália e transferido a movimentos populistas de outras partes da Europa, capturava a Alemanha; a democracia atravessava novas configurações políticas de massas (dominadas por elementos populistas e de estilo plebeu), que não haviam sido contempladas pelo ideal republicano das elites intelectuais.[5]

---

[3] GELMAN, Juan. Borges o el valor. In: LAFFORGUE, Martín (Org.). *Antiborges*. Buenos Aires: Javier Vergara Editor, 1999. p. 335. (Tradução minha).

[4] Cf. PINTO, Júlio Pimentel. *Uma memória do mundo*: ficção, memória e história em Jorge Luis Borges. São Paulo: Estação Liberdade / FAPESP, 1998.

[5] SARLO, 1995, p. 188-189.

Nesse outro olhar sobre a obra de Borges, ressalta-se que ele expõe, por intermédio da literatura, a lógica autoritária de um mundo onde prevalece a desordem e o princípio da justiça está oculto ou ausente. Contos como "Tlön, Uqbar, Orbis Tertius",[6] "A loteria em Babilônia"[7] ou "A biblioteca de Babel"[8] são, segundo Sarlo, exemplares dessa preocupação. Neles, a densidade do que parece irrelevante e residual se avizinha da ordem de forma alegórica, fraturada e corrosiva.

No primeiro conto, "Tlön, Uqbar, Orbis Tertius", uma reflexão sobre espelhos monstruosos e enciclopédias infinitas cria e organiza uma região imaginária situada, segundo queriam Borges e Bioy Casares, personagens do conto, em algum lugar do Iraque ou da Ásia Menor. A classificação e a ordenação representada pela *Encyclopaedia Britannica* e pela *The Anglo-American Cyclopaedia* são questionadas pela perda de um verbete que é procurado obsessivamente pelos personagens em seus tomos e volumes. A partir dessa perda, dessa ausência, a região, ou o verbete que comprovaria sua existência, parece desaparecer e se converter em conjectura e especulação. Desse modo, ao criar e recriar mundos, achar e perder referências e verbetes, a ficção borgiana produz uma espécie de vertigem diante do saber enclausurado na ordenação da enciclopédia.

---

[6] BORGES, Jorge Luis. Tlön, Uqbar, Orbis Tertius. Trad. Carlos Nejar. In: ______. *Obras completas de Jorge Luis Borges, volume 1*. Vários tradutores. São Paulo: Globo, 1998. p. 475-489.

[7] BORGES, Jorge Luis. A loteria em Babilônia. Trad. Carlos Nejar. In: ______. *Obras completas de Jorge Luis Borges, volume 1*. Vários tradutores. São Paulo: Globo, 1998. p. 505-510.

[8] BORGES, Jorge Luis. A biblioteca de Babel. Trad. Carlos Nejar. In: ______. *Obras completas de Jorge Luis Borges, volume 1*. Vários tradutores. São Paulo: Globo, 1998. p. 516-523.

Em "A loteria em Babilônia", o narrador, que habita um país vertiginoso no qual a loteria é parte principal da realidade, exibe a mão em que lhe falta o indicador e o estômago tatuado por uma letra hebraica. Numa cadeia infinita de obediência e de subordinação, o personagem segue uma espécie de teoria geral dos jogos. Estes são, nesse contexto, aleatórios e sinistros: um sorteio sobre a morte de um homem, outro para designar seus executores e outro e outro. Os sorteios são, assim, infinitos, saturados pelo acaso e metaforizam uma negação do poder humano de escolha. O narrador, preso numa rede de acasos e imposturas, não pode aspirar conhecer a certeza de coisa alguma, a não ser que talvez o mundo seja uma Babilônia e que essa Babilônia não seja outra coisa senão um infinito jogo de azar.

"A biblioteca de Babel" é um conto sobre um estranho universo, duplicações ilusórias, livros ilegíveis e eternidades periódicas. É, também, uma narrativa sobre a impossibilidade de se traduzir os signos a que os personagens, a humanidade, estão submetidos enquanto estão presos numa rede infinita de símbolos. Se a biblioteca é interminável, o homem é finito. Desse modo, o universo, que é visto por Borges como uma biblioteca, sobreviverá à espécie humana, iluminado, solitário, infinito, perfeitamente imóvel, armado de volumes preciosos, inútil, incorruptível e secreto, sentencia o narrador.

A narrativa, nos três contos, transcorre em vários níveis de sentido e promove releituras da tradição literária, da ordem e dos mitos, revelando neles a violência e a morte como um destino inevitável em situações nas quais a única lei é um código de honra, pessoal e intransferível, porque as instituições formais do Estado estão ausentes. Em outras narrativas de Borges, afiança Sarlo, o duelo e a vingança, por exemplo, estabelecem uma lei não escrita que formaliza uma violência num código que dá sentido às relações privadas e públicas:

> O enfrentamento de dois homens em duelo, ritual que ambos aceitam como lei, remete a valores "bárbaros" que, sem dúvida, são os únicos fundamentos comuns em regiões onde o Estado não organiza as relações jurídicas entre os sujeitos. O exercício da vingança e a reparação em um duelo definem o que uma sociedade é. Mas, basicamente, definem o que uma sociedade não é: prova a falta de outros procedimentos que substituam a confrontação armada para resolver as ofensas e restituir uma situação de justiça ausente.[9]

Mas como se daria essa reparação ou essa restituição quando o Estado é organizado no totalitarismo? Borges, que sempre confessou sua aversão a uma literatura que fosse presa a pressões ideológicas, no prólogo a *O informe de Brodie*, pronuncia uma espécie de manifesto à liberdade do escritor:

> Só quero esclarecer que não sou, nem jamais fui, o que antes se chamava um fabulista ou pregador de parábolas e atualmente um escritor comprometido. Não aspiro a ser Esopo. Meus contos, como os de *As Mil e Uma Noites*, pretendem distrair e comover, não persuadir. Esse propósito não quer di-

[9] SARLO, 1995, p. 180.

zer que me encerre, segundo a imagem salomônica, em uma torre de marfim. Minhas convicções em assuntos políticos são por demais conhecidas; filiei-me ao Partido Conservador, o que é uma forma de ceticismo, e ninguém me tachou de comunista, de nacionalista, de anti-semita, de partidário de Hormiga Negra ou de Rosas. Acredito que com o passar do tempo mereceremos que não existam governos. Nunca dissimulei minhas opiniões nem mesmo nos anos árduos, mas não permiti que interferissem em minha obra literária, a não ser quando fui tomado pela exaltação da Guerra dos Seis Dias.[10]

Esse texto de Borges, com sua lucidez e sua intrínseca defesa da liberdade do escritor em seu ofício, poderia anteceder e ser uma chave de leitura dos contos "O milagre secreto"[11] e "*Deutsches Requiem*".[12] Neles, a intervenção do escritor dá-se, reiteradamente, por meio de desdobramentos, imagens especulares, ambiguidades e reversibilidade de papéis quando se refere à representação da realidade. A espetacularização da ordem instituída consolida-se e se firma na medida em que o escritor entrelaça, aos abusos e desmandos que intentam obliterar a voz e o direito, as ambíguas e sutilíssimas formas de se burlar o poder e a força. Desse modo, os arquivos da ordem – que são instaurados para negar o direito

---

[10] BORGES, Jorge Luis. Prólogo. Trad. Hermílio Borba Filho. In: ______. *Obras completas, volume 2*. Vários tradutores. São Paulo: Globo, 2000. p. 423.

[11] BORGES, Jorge Luis. O milagre secreto. Trad. Carlos Nejar. In: ______. *Obras completas de Jorge Luis Borges, volume 1*. Vários tradutores. São Paulo: Globo, 1998. p. 567-572.

[12] BORGES, Jorge Luis. *Deutsches Requiem*. Trad. Flávio José Cardozo. In: ______. *Obras completas de Jorge Luis Borges, volume 1*. Vários tradutores. São Paulo: Globo, 1998. p. 641-646.

e a memória dos homens – são esgarçados, submetidos a saques, trocas e apropriações e o discurso totalitário é atravessado por reconfigurações, plágios, desvios.

1 Um milagre urdido em segredo

> *Era uma vez um país que continha todos os países do mundo; e nesse país havia uma cidade que incorporava todas as cidades do país; e nessa cidade havia uma rua que reunia em si todas as ruas da cidade; e nessa rua havia uma casa que abrigava todas as casas da rua; e nessa casa havia um quarto, e nesse quarto havia um homem, e esse homem ria, ria, e ninguém jamais havia rido como ele.*
>
> (Nahman de Bratzlav)

Em "O milagre secreto", a reversão do silêncio e da morte dá-se, sobretudo, por uma espécie de imposição de um tempo que insurge sobre a narrativa linear e instaura uma confrontação da ordem por intermédio de recursos irônicos que trazem para o texto a ambiguidade, o excesso de lucidez e as remissões falsificadas. Segundo Zheyla Henriksen, instaura-se, nesse conto, um tempo sagrado que emerge do tempo profano – o tempo do relógio e do calendário, a que o ser humano classifica como passado, presente e futuro.

O tempo sagrado é, de acordo com essa perspectiva, uma brecha criada pela ficção no tempo profano. O tempo da irrupção é, assim, uma outra instância que recria, ficcionalmente, formas paralelas de viver, de sentir, de narrar:

> É um fantástico que pode levar ao leitor o que ele me deu, ou seja: maior abertura, maior enriquecimento, maior permeabilidade diante da realidade; para que, mais tarde, quando voltarmos a enfrentar os problemas cotidianos, haja um novo fermento em nós: ter visto as coisas de outro ângulo, ter olhado para uma paisagem, não apenas pela janela, mas pelo ângulo de uma porta que mudou as luzes, que mudou as sombras, que modificou as proporções, nos encheu de outra dimensão.[13]

No caso de Borges, a janela que se abre no texto e que instaura um outro tempo de natureza fantástica abre uma brecha na máquina de morte e de esquecimento representada pelo nazismo. Italo Calvino, anos depois, em *Seis propostas para o próximo milênio*, na sua primeira conferência dedicada à leveza, reescreve esse outro olhar que Borges instaura nesses contos: "às vezes, o mundo inteiro me parecia transformado em pedra: mais ou menos avançada segundo as pessoas e os lugares, essa lenta petrificação não poupava nenhum aspecto da vida. Como se ninguém pudesse escapar ao olhar inexorável da Medusa".[14] O espetáculo do mundo e o ritmo picaresco e aventuroso da escrita, afirma Calvino, procuram retirar o peso, a inércia e a opacidade do mundo. Tais características aderem à escrita, quando não se en-

---

13 HENRIKSEN, Zheiyla. *Tiempo sagrado y tiempo profano en Borges y Cortázar*. Madrid: Pieglos de Bibliofilia, 1992. p. 18. (Tradução minha).

14 CALVINO, Italo. *Seis propostas para o próximo milênio*. Trad. Ivo Barroso. São Paulo: Companhia das Letras, 1991. p. 16.

contra um meio de se fugir a elas. O reino do humano condenado ao peso necessita de uma mudança do ponto de observação. Na literatura, reitera, "sempre se abrem outros caminhos a explorar, novíssimos ou bem antigos, estilos e formas que podem mudar nossa imagem do mundo."[15]

Essa abertura é a leveza. Para Calvino, uma forma de escrever o mundo fundamentada em outra lógica que não a imposta e preestabelecida. O escritor ou artista que salta ágil sobre os obstáculos e sobreleva o peso do mundo demonstra que sua gravidade detém o segredo da leveza e se contrapõe àquilo que muitos julgam ser a vitalidade dos tempos e que pertence ao reino da morte, como, diria Calvino, um cemitério de automóveis enferrujados.[16]

Seria, assim, "O milagre secreto" um exemplo da estratégia literária a que Calvino chamou de leveza, de dissolução da opacidade e do peso do mundo por meio da escrita e da memória. No conto, Jaromir Hladík, ao saber que vai ser executado pelos nazistas que invadiram Praga, pede a Deus que lhe conceda um ano de vida para terminar a escrita de uma peça que estava inconclusa.

O fragmento do versículo (259 ou 261) diz: "E Deus fez morrer durante cem anos e depois o animou e lhe disse:/ — Quanto tempo estiveste aqui?/ — Um dia ou parte de um dia, respondeu."[17] Esse trecho do Alcorão, o livro sagrado dos muçulmanos, além de colocar o leitor diante de um enigma, referenda a cons-

[15] CALVINO, 1991, p. 19-20.

[16] Cf. CALVINO, 1991, p. 24.

[17] BORGES, 1998, p. 567.

trução poética de Borges por intermédio de fragmentos esparsos dos mais inusitados acervos culturais. Ao trançar o texto árabe ao relato da morte de um escritor judeu, Borges parece ter em vista a construção de um tecido amplo, tão amplo que pode fazer convergir, sem superposição, as vozes que, fora da ficção, muitas vezes, se elevam como inimigas. No discurso literário, no entanto, a riqueza cultural das nações, tanto muçulmana quanto judia, coopera para o enriquecimento do tecido literário.

No relato muçulmano, entabula-se uma alegoria a propósito do poder de Deus. Recorre-se a uma disputa entre o monarca babilônico Nemrod e o patriarca Abraão:

> 258. Não reparaste naquele que disputava com Abraão acerca de seu Senhor, apesar de lhe haver Deus concedido o poder? Quando Abraão lhe disse: Meu Senhor é Quem dá a vida e a morte! Retrucou: Eu também dou a vida e a morte. Abraão insistiu: Pois bem, já que Deus faz sair o sol do Oriente, faze-o tu sair do Ocidente. Então o incrédulo ficou confundido, porque Deus não ilumina os iníquos.
> 259. Tampouco reparaste naquele que passou por uma cidade em ruínas e conjecturou: Como poderá Deus ressuscitá-la depois de sua morte? Deus o manteve morto durante cem anos; depois o ressuscitou e lhe perguntou: Quanto tempo permaneceste assim? Respondeu: Permaneci um dia ou parte dele. Disse-lhe: Qual! Permaneceste cem anos. Observa, pois, tua comida e tua bebida; constata que ainda não se deterioraram. Agora observa teu asno; (não resta dele mais que a ossada); isso para fazer de ti um exemplo para os humanos. Observa

> como dispomos seus ossos e logo os revestimos de carne. Quando viu com seus próprios olhos, exclamou: Reconheço agora que Deus é Onipotente![18]

No texto, o tema da disputa e o da morte aliam-se ao do poder. Esse conflito reverbera no conto na metáfora do jogo de xadrez e também da peça inconclusa do personagem escritor, *Os inimigos*. Esse jogo de espelhos entre as peças do jogo e os personagens na ficção dentro da ficção, o teatro dentro do conto, busca, sobretudo, embaralhar as referências e fazer com que o leitor perca o mapa da origem das citações. Ao reduplicar os acervos culturais por intermédio das disputas que são contrapostas na narrativa, Borges efetua um deslocamento da condição linear e, talvez, irreversível, salvo pela ficção, de algumas dessas lutas milenares e compõe, dessa maneira, uma irônica rede intertextual em que o leitor se vê irremediavelmente preso.

A introdução de "O milagre secreto" é notável por sua precisão nas referências a lugar e ao tempo:

> Na noite de catorze de março de 1939,num apartamento da Zeltnergasse de Praga, Jaromir Hladik, autor da inconclusa tragédia *Os inimigos*, de uma *Vindicação da Eternidade* e de uma interpretação das indiretas fontes judaicas de Jakob Boehme, sonhou com um extenso xadrez.[19]

---

[18] ALCORÃO Sagrado. São Paulo: Otto Pierre Editores Ltda, 1980. p. 31. Livro 3, 5ª Seção, 1ª. Parte: p. 258-259.

[19] BORGES, 1998, p. 567.

Os fragmentos textuais que se espelham na narrativa de Borges contrastam com a exatidão desse início. Essas referências revelam uma complexa rede de apropriações literárias que funcionam como pontos estruturantes da narrativa. A começar pelo prenome do protagonista, pouco comum em espanhol, que estabelece um diálogo com um texto pertencente à literatura de língua alemã. Jaromir é o nome de um personagem do romance *Der Golem*, de Gustav Meyrink.[20] Borges começa a estudar alemão em Genebra em 1916, logo depois da publicação do romance que se deu em 1915. Anos mais tarde, publicou o poema "O Golem". No arquivo literário de Borges, o texto de Meyrink foi acessado algumas vezes de forma notável. Uma delas, para a construção do poema, outra, para os contos "O milagre secreto" e "As ruínas circulares".

Tanto no poema quanto nas narrativas reitera-se a condição de reversibilidade do homem enquanto criador e criatura e a possibilidade da construção de mundos a partir de um espelhamento entre o sonhado e o vivido. Nesses textos, um sonhador cria um homem para finalmente descobrir que ele mesmo é também o sonho de um sonhador. No poema, o espelhamento entre o criador e a criatura promove essa atmosfera onírica em que o indivíduo encontra-se preso num tempo cíclico e num destino de aparências e simulações.

---

[20] Etimologicamente, Jaromir é um nome tcheco, composto pelas palavras: jar, jaro, jarni (primavera) e mir (paz). Literalmente, Jaromir parece significar "primavera da paz". Hadlík pode significar "desejar"; logo, Jaromir Hadlík poderia significar "primavera de paz desejada", de acordo com o *Etymologicky Slovnic*. Cf. HURTADO, Haydée Bermejo; DE TUMA, Mercedes Paglialunga. Consideraciones en torno a "El milagre secreto", de Jorge Luis Borges. *Cuadernos del Sur*. Bahia Blanca, 1984, jan./dec., n. 17. p. 68.

O sobrenome "Hadlík", segundo Daniel Balderston, é referência a um obscuro romancista tcheco da virada do século, Václav Hladík (1868-1913).[21] Entre escritores canonizados e conhecidos em todo o mundo ocidental, Borges embaralha outros não tão conhecidos, mas que, no entanto, estão presentes em verbete, falso ou ficcional, tanto na *Enciclopédia Britânica* quanto em histórias da literatura. Essa é uma estratégia recorrente da narrativa borgiana que não se furta em inventariar verbetes falsos, proliferar conhecimentos simulados e inventar bibliografias de escritores inexistentes.

A mais importante rua de Praga, em que Hladík vive, cujo nome alemão é Zeltnergasse, agora conhecida como Celetná, foi onde, no número 3, residiu a família de Franz Kafka de 1896 a 1906. Nessa mesma rua, no número 12, localizavam-se os negócios de Hermann Kafka de 1906 a 1912. Ao entrelaçar ruas, números e escritores, Borges redesenha a cidade de Praga encenada na escrita e a eleva à condição de ficção fazendo-a ser atravessada por escritores que se encontram no terreno virtual da literatura.

O uso dos nomes alemães para muitos dos lugares no conto é resultado dos conhecimentos de Borges. Durante muito tempo, Praga e o resto da Boêmia fizeram parte do Império Austro-Húngaro e, ao fim da Segunda Guerra Mundial, era substancial a população que falava alemão, como foi o caso de Kafka, Max Brod e Franz Werfel, por exemplo. Durante o período republicano, por vontade da maioria da população, os nomes alemães foram substituídos por nomes tchecos.

---

[21] Cf. BALDERSTON, Daniel. *Out of context:* historical reference and the representation of reality in Borges. Durham / Londres: [s.n.], 1976. p. 37-47.

Borges utiliza outros nomes próprios como Jaroslav, que pode ser uma referência, segundo Balderston, a outro romancista tcheco, Jaroslav Hasek (1883-1923), autor do romance *The Adventures of the Good Soldier Svejk in the Word War* (1921-1922). Esse mesmo nome reaparece no protagonista da peça de Hadlík, *Os inimigos*, como Jaroslav Kubin. O sobrenome, Kubin, pertenceria a Alfred Kubin, artista e amigo de Kafka e de Max Brod, informa Balderston.

Nessa série de espelhamentos, repetições e referências cruzadas entre ficção e realidade, Borges homenageia personalidades austríacas, como Meyrink, e tchecas, como Kafka, Max Brod e Alfred Kubin. Tecer uma rede literária com esses nomes certamente é uma homenagem, mas também é, antes de tudo, a construção de uma vibrante tradição literária de escritores e artistas que, em meio à adversidade, edificam suas obras multiculturalmente, e minam o poder das instituições totalitárias. Assim, além da língua, ou da condição de anexado, como Praga e Áustria, numa literatura menor, o texto vai se configurando enquanto resistência.[22]

Apesar da insistência de alguns teóricos, como Henriksen, na questão do tempo sagrado que emerge do tempo profano nesse conto de Borges, destaco, sobretudo, a possibilidade de, em meio à adversidade, criar-se um espaço/tempo, como diria Calvino, uma tentativa de reconhecer quem e o que, no meio do inferno, não é inferno, e preservá-lo, e abrir espaço.[23]

---

[22] Cf. DELEUZE, Giles; GUATARRI, Felix. *Kafka, por uma literatura menor*. Trad. Júlio Castañon Guimarães. Rio de Janeiro: Imago, 1977.

[23] Cf. CALVINO, Italo. *As cidades invisíveis*. Trad. Diogo Mainardi. São Paulo: Companhia das Letras, 1991. p. 150.

Esse espaço / tempo criado pelo personagem-escritor, no momento em que está para ser fuzilado pelos soldados nazistas, poderia ser uma intervenção divina. O milagre secreto, então, prefiguraria uma possível redenção do escritor e de sua obra. No entanto, algo da ordem do humano se urde sob os desígnios da escrita borgiana. Transcorrido o instante fugaz do que se pensa ser um ano, a inevitável descarga de bala atinge o escritor. Talvez como o detetive Erik Lönrot do conto "A morte e a bússola", para esses personagens que desafiam a morte, outro tempo, outro espaço precisa ser vislumbrado.

Em "O milagre secreto", o que parece sobreviver à morte é a memória literária do personagem. Sua obra inconclusa espelhada no jogo de xadrez contrapõe "os inimigos". Há para o leitor um impasse entre uma inimizade que atravessa as instâncias narrativas e caminha inevitavelmente para a morte, e o fim de todas as narrativas possíveis. No drama inconcluso de Jaromir Hadlík, os personagens que aparecem na primeira cena e são descartados na segunda aparecem novamente na terceira. Um homem que já havia sido morto na primeira cena retorna na terceira. O cenário é o mesmo em que se começou a primeira, o relógio marca as mesmas horas, o sol se reflete nos cristais e o ar traz de novo uma apaixonada música húngara. A repetição anula o desenvolvimento da narrativa e demonstra, como queria Hadlík, que o tempo é uma falácia.[24]

---

[24] Cf. BORGES, 1998, p. 569.

Se o tempo é uma falácia à disposição do argumento, na narrativa, esse tempo só pode se dar por intermédio de uma vindicação da eternidade, um tempo sem futuro e sem passado. Por isso, a exatidão na referência ao tempo e ao espaço estabelece conexões entre Borges, Kafka e outros tantos escritores que permeiam o universo que, tal qual uma biblioteca, é infinito e especular.

Ligam-se, portanto, os livros escritos por Hadlík ao projeto borgiano de solapar, por meio da narrativa, a transcendência do "milagre secreto". A tragédia inconclusa *Os inimigos*, a *Vindicação da Eternidade* e uma análise das fontes judaicas indiretas de Jakob Boehme constituem provas inquestionáveis do exercício intelectual judaizante de Hadlík. Além disso, seu sobrenome materno era judaico, seu sangue era judeu, ele havia assinado um protesto contra a Anschluss (a anexação da Áustria à Alemanha, conseguida por Hitler em 1938 e desfeita em 1945, após o término da Segunda Guerra Mundial). Hadlík traduziu o *Sepher Yezirah*, o livro judaico da Criação.

Jaromir Hadlík é um homem marcado para morrer. Ele morrerá mil mortes antes que os tiros fatais o atinjam. A estrutura desse e de outros relatos de Borges cria, sob a forma de suplemento ou bifurcação, a repetição, que é cíclica e impiedosa, mas que no instante fugaz de sua manifestação apresenta-se como conjectura:

> As obras alheias atraem Borges porque o mapa da Inglaterra está dentro da Inglaterra como em Josiah Royce, a representação teatral dentro do drama como em *Hamlet*, os contos dentro dos contos como em *As mil e uma noites* [...] O autor in-

> tercala, nesse mundo fantástico que ascende à realidade, um segundo plano de irrealidade que quer, por sua vez, ascender à forma concreta com respeito à duplicação de hrönir. [...] Assim se realiza em Tlön a curiosa experiência de produzir objetos (uma máscara antiga, uma estátua mutilada), a força de desejar sua aparição. Conto com estrutura de uma caixa chinesa: mundos irreais incluídos um dentro do outro e dentro, por sua vez, desta terra que se desintegra ao contato com tais fantasmagorias.[25]

De forma semelhante à a caixa chinesa, a narrativa encerra um relato dentro do relato. Borges, no ensaio "Quando a ficção vive na ficção", afirma dever sua primeira noção do problema do infinito a uma grande lata de biscoitos que deu mistério e vertigem à sua infância. Nessa lata, havia uma cena japonesa e num ângulo dessa imagem aparecia uma lata de biscoitos com a mesma figura e, assim, infinitamente.[26] O procedimento pictórico de inserir um quadro dentro de um quadro ou uma ficção dentro de uma ficção corresponderia, assim, à inserção de uma ficção dentro de uma ficção:

> Arthur Schopenhauer escreveu que os sonhos e a vigília eram as páginas de um mesmo livro e que lê-las em ordem era viver; e folheá-las, sonhar. Quadros dentro de quadros, livros que se desdobram em outros livros ajudam-nos a intuir essa identidade.[27]

---

[25] BARRENECHEA, Ana María. *La expresión de la irrealidad en la obra de Borges*. Buenos Aires: Centro Editor de América Latina, 1984. p. 29.

[26] BORGES, Jorge Luis. Quando a ficção vive na ficção. Trad. Sérgio Molina. In: ______. *Obras completas, volume 4*. Vários tradutores. São Paulo: Globo, 1999. p. 504-506.

[27] BORGES, 1999, p. 506.

A identidade judaica de Hadlík é denunciada e Julius Rothe o condena à morte. Não existe, segundo a narrativa, homem que fora de sua especialidade não seja crédulo. Assim, ao folhear um catálogo da editora que publicara o livro judaico traduzido por Hadlík, Rothe reafirma a culpa e a identidade do personagem. O efusivo catálogo exagerou comercialmente o renome do tradutor e ele, ironicamente, é condenado *pour encourager les autres*. A tarefa do tradutor, seu nome e suas preocupações em relação ao texto judaico o conduzem à morte. No entanto, esse mesmo texto judaico dará a ele a possibilidade de burlar a morte, mesmo que imaginariamente.

A obra inconclusa será aberta eternamente, mas o seu criador se contentará com o tempo que remonta às Escrituras para circunscrever e enganar a morte. O tema do milagre urdido secretamente no conto de Borges remete ao episódio da doença do rei de Judá, Ezequias, filho de Acaz, e sua cura milagrosa. Ele tinha vinte e cinco anos quando começou a reinar e reinou por vinte e nove anos em Jerusalém. De acordo com a narrativa bíblica, ele foi vitorioso nas batalhas e em todos os empreendimentos obtinha êxito.[28]

O *Segundo Livro de Reis*, no Primeiro Testamento, afirma que Ezequias guardava os mandamentos de Moisés e, com eles, reinava sobre Judá e vencia poderosos inimigos, como Senaqueribe, o rei da Assíria. Além disso, Ezequias fez construir o açude e o aqueduto que levava água para dentro de Jerusalém. Esse empreendimento, em caso de guerra, era fundamental à sobrevivência. Então, ele adoece. Uma úlcera mortal lhe aflige o corpo. Isaías, o

[28] 2 Rs 19, 20.

profeta, entrega-lhe a dolorosa mensagem de que Deus ordenara que ele colocasse em ordem a sua casa porque morreria. O rei, no entanto, era obstinado e cria nas promessas que tanto prezava e seguia. Orou, pois, a Deus e pediu a cura para a úlcera. Antes mesmo que o profeta saísse da parte central da cidade, lhe foi ordenado que voltasse e profetizasse a cura do rei, porque Deus lhe havia ouvido as preces e visto as suas lágrimas.

Ao rei é ordenado, então, que vá à casa de Deus para dar graças tanto pelos anos que seriam acrescentados à sua vida, quanto pela vitória sobre os assírios que Deus concederia. Ezequias pede ao profeta um sinal de que tudo isso se cumpriria. Este responde ao rei que a sombra do relógio podia adiantar ou atrasar. Ezequias escolhe que o sinal seja que a sombra do relógio se atrase: "Então o profeta Isaías clamou ao Senhor; e fez retroceder dez graus a sombra lançada pelo sol declinante no relógio de Acaz."

O apego e a fé na tradição dos pais e a observação dos mandamentos de Moisés garantem ao rei a sobrevivência diante da morte. O tempo, marcado pelo relógio de sol construído pelo pai, retrocede e lhe confirma o milagre da cura e do adiamento da morte. A casa de Ezequias necessitava ser posta em ordem. Deus lhe concede esse tempo para o trabalho, para a tarefa de terminar os empreendimentos iniciados.

Em Borges, no entanto, o milagre secreto não é o apego à tradição dos pais, mas uma especulação sobre a possibilidade de se deter o tempo petrificado e introduzir nele um outro tempo, o tempo fluido da memória. Não para terminar materialmente a peça inacabada, mas para construir uma espécie de fantasmagoria ou desejo de viver e de trabalhar os vestígios da memória. O tempo concedido ao escritor judeu é, portanto, o tempo da memória. Memória da leitura dos livros, não só a do seu livro especificamente, a peça *Os inimigos*, que como uma caixa chinesa ou o jogo de xadrez, duplica ao infinito as chances de sobrevivência à morte pela lembrança, mas também de outros tantos textos que se urdem no tempo da ficção.

O milagre secreto em Borges parece ser, então, não só o milagre de Deus, do Deus judaico que prolonga o tempo de Ezequias, mas o milagre da memória que mantém precariamente vivas as narrativas do mundo. Nesse sentido, a memória, com suas perdas irreparáveis e os seus vestígios passíveis de serem narrados, é o triunfo do escritor nesse tempo de morte. A literatura poderia, assim, ser exemplificada como um trabalho inconcluso que não se manteria por milagres secretos de um Deus ou uma letra perdidos entre as páginas de uma biblioteca, num arquivo morto que parece só poder levar à cegueira, mas no sutil e fugaz momento em que a memória permite acessar resíduos e pegadas de textos passados.

2 O último suspiro do carrasco

> *Na última guerra, ninguém poderia desejar a derrota da Alemanha mais do que eu; ninguém poderia sentir mais do que eu a tragédia do destino alemão; "Deutsches Requiem" quer entender aquele destino que não soube chorar, nem suspeitar, nossos "germanófilos", que nada sabem sobre Alemanha.*
>
> (Jorge Luis Borges)

Como uma espécie de narrativa especular, "*Deutsches Requiem*" reelabora o tema da morte e da escrita a partir de um ponto de vista, no mínimo, inusitado. Contrapondo-se à voz de Jaromir Hadlík, de "O milagre secreto", a voz narrativa desse outro conto é de Otto Dietrich zur Linde – um alemão nacional-socialista – que, na noite que precede a sua execução, rememora sua vida e sua luta pela construção do Terceiro Reich comparando-as à construção da Alemanha e ao futuro do mundo.

Como responsável por um campo de concentração, coube-lhe a tortura e o testemunho do suicídio do poeta judeu David Jerusalem, a quem admirava profundamente. Esperando a morte sem nenhum temor ou reconsideração dos atos praticados, Otto Dietrich zur Linde acredita que o nazismo impôs uma nova ordem ao mundo e, a partir dessa condição, um novo homem foi produzido graças às ideias e às atuações nazistas. O destino de Otto Dietrich é heroico. Ele concebe o nazismo como uma missão e, dessa forma, pode morrer serenamente porque está convicto de que a ordem sonhada pelo nazi-socialismo triunfou.

O título do conto remete a *Ein Deutsches Requiem,* de Johannes Brahms. O vocábulo "réquiem", diz respeito à parte do ofício dos mortos, na liturgia católica, que principia com as palavras latinas *requiem aeternam dona eis,* ou seja "dai-lhes o repouso eterno". A palavra também se refere à música sobre esse ofício. Na concepção latina, o réquiem é uma oração pela paz dos mortos que esperam angustiados a terrível ameaça do juízo final.

Ein Deutsches Requiem se dirige aos vivos para convencê-los de que o fim da existência terrestre não deve ser temido, já que traz consigo a paz e a libertação definitiva de todos os males e de todas as preocupações mundanas. Segundo Luiz Rodriguez Carranza, trata-se de um canto de felicidade e de serenidade absolutas:

> As trombetas do Juízo estão despojadas de todo seu horror, e integradas como um signo feliz e glorioso de uma vida nova. "Este é o mistério: não estaremos todos mortos, mas estaremos todos transformados". É uma ode de vitória, um canto exaltado ao triunfo sobre a morte.[29]

Os versos do réquiem de Brahms foram retirados da Bíblia. São versos que se repetem em, no mínimo, duas ocasiões, a primeira no livro do profeta Oséias, capítulo 13, versículo 14; e a segunda, na primeira carta do apóstolo Paulo aos Coríntios, capítulo 15, versículo 55. Neste, antes de proferir o trecho recortado por Brahms, o apóstolo Paulo adverte que "o último inimigo a ser aniquilado é a morte", portanto, com a ressurreição de Cristo e a promessa de que todos, no dia do Juízo, irão ressuscitar também, o versículo se afirma enquanto um testemunho da fé inabalável na vida que não pode ser vencida pela morte: "Tragada foi a morte na vitória. Onde está, ó morte, o teu aguilhão? Onde está, ó inferno, a tua vitória?"[30]

---

[29] CARRANZA, Luiz Rodrigues. Requiem por un fin de siglo. *Anthropos:* Revista de documentación científica de la cultura. Una teoría de la invención poética del lenguaje. Barcelona, Editorial Anthropos, n. 142–143, p. 87-91, mar./abr. 1993.

[30] 1 Co 15:55.

A composição de Brahms é o primeiro ofício dos mortos escrito em língua alemã, mas não se trata da tradução literal do serviço fúnebre tradicional da Igreja católica. Brahms escolheu e recortou os textos entre os versículos da tradução da Bíblia de Lutero, afastando, no entanto, toda referência cristã ao não fazer nenhuma alusão explícita a Jesus. Os textos, pois, provêm do Primeiro Testamento (Os 13:14) e do Segundo Testamento também (1 Co 15:55), incluindo referências do *Livro da Revelação* ou *Apocalipse* (Ap 14:13). Numa espécie de mosaico, o réquiem de Brahms é uma obra religiosa de espírito universal, afirma Carranza, na medida em que reitera a fé como meio de sobrevivência e redenção.

A universalidade dessa composição assume, certamente, em Borges uma reflexão ainda maior. O artigo *ein* é subtraído e este dado implica uma questão estrutural no conto. O mistério da morte, tal como ela se apresenta na ficção, é condição de todos os homens. Nesse sentido, as humilhações, os fracassos ou a morte de Otto zur Linden, ou dos nazistas, não são só a morte de todos os alemães, assim como a vitória não pertence somente ao protagonista, ou a ideia do nazismo, mas também ao poeta David Jerusalem. As duas mortes do conto se espelham, ainda que pareçam se excluir. Ambas são procuradas, ambas são suicídios.

A ironia da narrativa borgiana está presente na epígrafe retirada do Livro de Jó, Capítulo 13, versículo 15: "Ainda que me tire a vida, nele confiarei". Nesse capítulo, o fiel Jó é arrasado pelas intrigas de Satanás diante de Deus, que permite ao inimigo flagelá-lo com doenças, matar-lhe os filhos e destruir todos os seus bens. Nesse trecho, Jó declara sua confiança em Deus:

> Ainda que ele me mate, nele esperarei; contudo, os meus caminhos defenderei diante dele. Também isso será a minha salvação porque o ímpio não virá perante ele. Ouvi com atenção as minhas razões, e com os vossos ouvidos a minha demonstração. Eis que já tenho ordenado a minha causa, e sei que serei achado justo.[31]

Tal como Jó, como outro lado da moeda, Otto Dietrich julga-se justificado. Não conhece nem a esperança nem a angústia, vive o presente, tal como o gato que Borges justapõe ao relato: "símbolo de meu vão destino, dormia no rebordo da janela um gato enorme e fofo." Afirma o narrador que esperava ser um soldado de uma guerra inexorável e, no entanto, ferido por duas balas atrás de uma sinagoga, amputam-lhe as pernas.[32]

Quando o exército alemão entra na Boêmia e as sirenes proclamam a invasão, Otto Dietrich está no hospital, tratando de se perder e de esquecer a vida real nos livros de Schopenhauer.[33] O destino triunfal que ele arrola numa espécie de genealogia valorosa lhe escapa:

> Meu nome é Otto Dietrich zur Linde. Um de meus antepassados, Christoph zur Linde, morreu no ataque de cavalaria que decidiu a vitória de Zorndorf. Meu bisavô materno, Ulrich Forkel, foi assassinado na floresta de Marchenoir por franco-atiradores, nos últimos dias de 1870; o capitão Dietrich zur

[31] Jó 13:15.

[32] Cf. BORGES, 1998, p. 641.

[33] Cf. BORGES, 1998, p. 642.

> Linde, meu pai, distinguiu-se no cerco de Namur, em 1914, e, dois anos depois, na travessia do Danúbio. Quanto a mim, serei fuzilado como torturador e assassino.[34]

A liturgia católica, a música de Brahms e os textos bíblicos com a história factual e a filosofia são trançados por Borges e esse discurso da tradição, da morte e da finitude é reencenado por indivíduos que são atravessados pela memória de todos esses textos. O personagem Otto Dietrich é civilizado, culto, artista, e sua fé no nazismo o justifica. Borges percebe que admirar a música, a filosofia e a arte e ser um torturador e assassino é um projeto estético nazista e não uma contradição.

Susan Sontag, em "Fascinante fascismo", adverte que, embora comumente se pense que o nacional-socialismo represente somente a brutalidade e o terror, isso não é bem verdade. O nacional-socialismo e o fascismo representam um ideal, ou ideais que persistem até hoje, em maior ou menor grau sob outros rótulos. O ideal de vida como arte, o culto à beleza, o fetichismo da coragem, a dissolução da alienação em sentimentos extáticos de comunidade, o repúdio ao intelecto, a concepção de uma família do homem (sob a paternidade de líderes) são ideais que sobrevivem e comovem muitas pessoas.[35]

O "novo homem" do conto de Borges é engendrado, segundo o narrador, por um fato moral, um despojar-se do velho homem,

---

[34] BORGES, 1998, p. 641.

[35] SONTAG, Susan. Fascinante fascismo. In: ______. *Sob o signo de saturno.* Trad. Albino Poli Jr. Porto Alegre: L&PM, 1986. p. 59.

que está viciado, para vestir o novo que é tentado, em um torpe calabouço, por antigas ternuras da piedade. O novo, sem afeto nem compaixão, é a manutenção da ordem até a morte, a qualquer preço, e a configuração de uma estética que Borges, de certa forma, anteviu.

Nesse sentido, a narrativa de Borges é denunciadora. Ela evidencia a desumanização do homem e a sua consequente transformação em autômato que se autojustifica. Daí a busca, em muitos dos seus textos, das raízes da violência. Não obstante, Borges não se detém na descrição pormenorizada, não faz catálogo nem inventário da inscrição do sofrimento no corpo do indivíduo; ao contrário, reserva a referência do domínio da violência ao território estético.

A tortura infligida ao poeta David Jerusalem não passa de um gesto. A relação de Otto Dietrich com o escritor judeu é pautada pela luta contra a compaixão que seria, nesse contexto, o único elo possível entre os seres vivos e, para o torturador, um retorno ao passado selvagem. Dessa forma, o discurso literal do nazista é conotado pela discrepância com a sua simpatia pelo escritor judeu e o afastar de si a piedade seria, para ele, a mácula que deveria ser esquecida pelo novo homem:

> Era um homem de cinquenta anos. Pobre de bens deste mundo, perseguido, negado, vituperado, consagrara seu gênio a cantar a felicidade. Creio lembrar que Albert Soergel, na obra *Dichtung der Zeit*, o compara a Whitman. A comparação não é feliz; Whitman celebra o universo de modo prévio, geral,

> quase indiferente; Jerusalem alegra-se de cada coisa, com minucioso amor. Jamais emprega enumerações catálogos. Ainda posso repetir muitos hexâmetros daquele profundo poema que se intitula *Tse Yang, Pintor de Tigres,* que está como que raiado de tigres, que está como que carregado e atravessado de tigres transversais e silenciosos.[36]

David Jerusalem conseguiu em seus textos a captação de uma ordem múltipla, o infinito em cada individualidade cujos tigres transversais e silenciosos são a principal metáfora de elementos que, no campo do imaginário, como a escrita, atravessam a ordem estabelecida. Uma ordem mágica que transparece até no discurso de seu algoz e, além de sua manifestação artística, exibe a multiplicidade e a transmutação. Assim, David Jerusalem não é referência a um indivíduo, mas a todos os homens vitimados pela violência. Dessa forma, ao simbolizar todos os homens num único homem, vítimas e algozes de si mesmos, sua voz não é unívoca, mas plural. A tortura infligida por Otto Dietrich a David Jerusalem – um ponto cego no texto que omite sua descrição e penúria – transparece no desejo de civilização e na violência. O escritor enlouquece e, nesse território da demência, suicida-se.

Suicidando-se, o escritor judeu impôs sua vontade e se libertou da tortura, afirma Carranza, mas violentou-se, e a partir disso, acaba por ser imagem especular do seu carrasco. Otto Dietrich pensa que o suicídio de Jerusalem representaria o triunfo do nazismo, mas a morte de ambos os personagens é ambivalente: os

---

[36] BORGES, 1998, p. 644.

dois triunfam e os dois fracassam, porque levam um ao outro eternamente consigo. Tema recorrente na obra de Borges, as simetrias entre traidores e heróis, como teólogos e hereges, fiéis e infiéis, são aqui exemplificadas também com a duplicidade das figuras da vítima e do algoz.

Nesse círculo infinito e insondável, a pirueta final, o pulo do gato do suicídio da vítima que desse modo se vê livre da tortura, é uma vitória, sob o ponto de vista da vontade, mas, no reino solitário da loucura, em que o personagem vislumbrou o único ato de autonomia, escapa-lhe sua paradoxal liberdade na morte. O testemunho da morte do escritor judeu migra, ironicamente, para a narrativa do seu torturador e ali se inscreve como uma força subliminar, silenciosa. O réquiem construído por Borges arma textos, dilui fronteiras, rearranja acervos inusitados e, sob os auspícios da literatura, equipara as citações, os nomes falsos e os arquivos nefastos aos registros memorialísticos e aos monumentos instituídos.

Poetas em tempos sombrios: Vinicius de Moraes e Jorge Amado

> *Assim como há amores inesquecíveis, há pesadelos irremediáveis. O holocausto é o pesadelo de nosso fim de século. Depois de saber-se que ele foi possível, como, mesmo de um ponto de vista estritamente profano, ainda seria possível levar a sério uma história evolucionista da espécie humana?*
>
> (Luis Costa Lima)

Em 1986, foi instalado em Hamburgo, Alemanha, uma obra de arte das mais espantosas, o "Monumento contra o Fascismo". Concebido para desaparecer, esse memorial, de autoria de Jochen e Esther Gersz, é, na verdade, como afirma Márcio Seligmann-Silva, um antimonumento.[1] O público, entusiasmado por ser coautor, participou dessa espécie de epitáfio da memória contemporânea, escrevendo, nela, frases antifascistas, manifestações pacifistas e, claro, palavras de ordem e de ódio neonazistas. A coluna de aço, com cerca de 12 metros de altura, recoberto por uma película de chumbo, foi, aos poucos, enterrada, até desaparecer completamente em 1993.

Talvez, para esses artistas, na Alemanha, onde o memorial foi concebido para ser enterrado, não haja como fugir desse tipo de manifestação. A antimemória que parece se inscrever na cultura contemporânea como uma espécie de performance que ins-

[1] Cf. SELIGMANN-SILVA, Márcio. A literatura do trauma. *Cult*: Revista Brasileira de Literatura. Dossiê Literatura de testemunho. São Paulo: Lemos Editorial e Gráficos Ltda., ano 2, n. 23, p. 42-63, jun. 1999.

tala monumentos artísticos e literários, de forma categórica e, em certo sentido, ainda buscando, pelo menos no que se refere à opinião pública mundial, uma imaginada reparação da nação alemã a aqueles que foram trucidados pelo nazismo, ou, ainda, explorando, turisticamente, marcos espaciais do terror nazista. Também é preciso não perder de vista que o trabalho citado inscreve-se em uma série de práticas e políticas do esquecimento, muito comuns em nossos dias, que, astuciosamente, fundamentam-se sobre a institucionalização de memoriais. Inúmeros, eles causam a vertigem do acúmulo, logo, sua consequente anulação.

Ao revés desse posicionamento revisionista, perverso e a-histórico, emergem, não só na Alemanha como no Brasil, e em toda América Latina, arquivos, depoimentos, biografias, filmes e imagens que remetem a necessária lembrança da Shoah como um desastre, um pesadelo, nas palavras de Costa Lima, que assombraram, assombram e assombrarão o mundo desde o seu acontecimento.

Em que pese os anos que nos afastam da Shoah, o testemunho está longe de ser enterrado. Os sobreviventes e os seus relatos reafirmam uma amarga declaração sobre a narrativa: existem, ainda, fatos a serem narrados, mas, invariavelmente, a testemunha sente-se incapaz de o fazer. Esse impasse, originado no pós-guerra, denuncia uma falência da voz e da escrita. Narrativas derivadas ou originadas na Shoah configuram-se como pequenas histórias, narrativas de família, silêncios e recordações que marcam o fim de uma era e de uma grande narrativa e trazem para os novos tempos o que poderia ser chamado de pequeno relato. Este subverte o saber que se constitui a partir da noção de ordem e de totalidade e possibilita a abertura de arquivos fragmentários, no qual o corpo judaico – disseminado e disperso – pode ser reconfigurado da única maneira possível, de forma parcial, de soslaio, à contrapelo da Medusa. Nesse sentido, a literatura se configuraria, pelo penhor da memória, como um antídoto à cristalização da história em monumento.

A imperiosa necessidade de se revisitar o episódio da Shoah, delineia-se, para o escritor e para o leitor, como um empreendimento impossível de ser totalmente apreendido e contornado, mas nunca soterrado. Cercar o fato histórico em sua barbárie e contorná-lo pela palavra ou pela arte, costurando textos e registros infames, é, sobretudo, lançar-se numa tarefa que, de antemão, já se anuncia como incompleta, residual, bárbara.

Estamos, pois, diante de um tempo de barbárie e de esquecimento. A memória do testemunho ou encenada na literatura da Shoah não é só uma forma de se estabelecer uma relação com o passado histórico de um povo que descende de uma tribo perdida do Oriente Médio, mas de suprimir a distância que une o leitor – seja ele judeu ou não, da sua condição humana. A arte e a literatura sobre a Shoah são, pois, memoriais às vítimas e alertas aos vivos.

Além da distância espaço-temporal do Brasil em relação a Shoah, especificamente, em nossos dias, sua produção literária ressente-se de alguns momentos críticos. O primeiro diz respeito à campanha revisionista que tem, desde os anos 1980, contado com as publicações de Siegfried Ellwanger Castan (conhecido pelo pseudônimo de S. E. Castan), da Editora Revisão, que edita, vende e distribui, em escala nacional e internacional, livros antissemitas, nazistas e negadores da Shoah. Um livro de sua autoria nega o extermínio dos judeus, e pode ser, comprado, livremente pela Internet, apesar do autor ter sido condenado por crime de racismo, mesmo recorrendo ao Superior Tribunal de Justiça, que reafirmou, no entanto, sua condenação.

Outro momento decisivo é o das constantes comparações entre Israel e os nazistas. Estas são alimentadas, por exemplo, por um prêmio Nobel, como José Saramago, que, numa fragrante exibição midiática, comparou os judeus aos nazistas, em entrevistas e textos, como na crônica "Das pedras de Davi aos tanques de Golias", publicado no *El País* e republicado, à exaustão, por sites antissemitas na Internet, instiga, inequivocamente, alguns intelectuais a se perfilarem ao seu lado. Talvez, não seja possível, para o escritor português, uma crítica imparcial. A maioria dos intelectuais que julga o conflito entre palestinos e israelenses de forma unívoca, perde uma excelente oportunidade de promover a consciência bilateral dos direitos e dos deveres entre as partes por intermédio, por exemplo, da literatura. Veja-se, a esse propósito, a obscena proposta de boicote a Israel empreendida pelo sociólogo Boaventura Santos, conterrâneo de Saramago e, mais recentemente, o das universidades inglesas. No Brasil, o apoio a esses escritores portugueses, no que se refere a esse tema, parece ser uma espécie de estrabismo que delega a eles o direito de falar pelos países de língua portuguesa. Afinal, a baixa autoestima nacional emociona-se ao ter alguém, mesmo que com o acento da antiga metrópole, falando português e sendo ouvido pela mídia internacional. Esse nacionalismo ultrapassado e servil deixa vislumbrar as forças colonizadoras do discurso fascista da língua, da língua portuguesa, nos moldes que nos ensina Roland Barthes na sua célebre *Aula*.[2]

Também importante de ser lembrada é a maciça participação, em 2006, de caricaturistas brasileiros no congresso de charges sobre a Shoah promovido pelo presidente do Irã. Os artistas, assim, por meio do humor, infelizmente, configuram-se como massa de manobra nas mãos do mandatário iraniano, ao se prestarem ao revisionismo e ao negacionismo histórico.

A contrapelo dessas atitudes que, como diria Oriana Fallaci, são vergonhosas, algumas vozes se levantam de forma, também inequívoca, refletindo sobre a Shoah. Gostaria de citar os estudos fundamentais na área de literatura brasileira de Regina Igel e Berta Waldman. Teoricamente, num âmbito mais geral, destaco os trabalhos de Márcio Seligmann-Silva e Luiz Nazario, este com um trabalho surpreendente, e ainda inédito, sobre o cinema nazista no Brasil.

Regina Igel em *Imigrantes judeus/escritores brasileiros*, no capítulo intitulado "Memórias do Holocausto", marca o início da literatura brasileira no tema da Shoah a partir dos sobreviventes judeus refugiados no Brasil. No entanto, estes se resguardaram, psicologicamente, segundo a autora, "de escrever sobre suas lembranças atrozes, pelo menos por três décadas"[3] entre a data em que

---

[2] BARTHES, Roland. *Aula*. Trad. Leyla Perrone-Moises. São Paulo: Cultrix, 1996.

[3] IGEL, Regina. Memórias do Holocausto. In: ______. *Imigrantes judeus/escritores brasileiros*. São Paulo: Perspectiva, 1997. p. 213.

chegaram ao país e o momento do relato. Após esse momento, "passaram a narrar, pela escrita, as lembranças dos horrores vivenciados, principalmente, durante e após a Segunda Guerra Mundial".[4] Memórias, depoimentos, autobiografias, romances e diários fazem parte dessa literatura que poderíamos chamar, com Seligmann-Silva, de "literatura de testemunho".

Dois estudos historiográficos são destacados por Igel: "Os judeus no Brasil e a Segunda Guerra Mundial," de Egon e Frieda Wolff, publicado em 1988,[5] e *Memória da barbárie: a história do genocídio dos judeus na Segunda Guerra Mundial*, de Roney Cytrynowicz, publicado em 1990.[6] Registro, também, as importantes publicações de Maria Luiza Tucci Carneiro, resultado de suas pesquisas em, sobretudo: *Brasil: um refúgio nos trópicos*,[7] e, mais recentemente, *Histórias de vida: refugiados do nazifascismo e sobreviventes da Shoah*,[8] só para citar alguns títulos.

Na literatura, Igel destaca o conto "O retrato", de Jacó Guinsburg, de 1946, e o romance *Guerra em surdina*, de Boris Schnaiderman, de 1964. Schnaiderman seria, para a pesquisadora, o primeiro ju-

---

4 IGEL, 1997, p. 214.

5 WOLFF, Egon; WOLFF, Frieda. Os judeus no Brasil e a Segunda Guerra Mundial. In: ______. *Conferências e comunicações em institutos históricos*. Rio de Janeiro: Klabin Irmãos / Cemitério Comunal Israelita, 1988. p. 69-72.

6 CYTRYNOWICZ, Roney. *Memória da barbárie*: a história do genocídio dos judeus na Segunda Guerra Mundial. São Paulo: Nova Stella, 1990.

7 CARNEIRO, Maria Luiza Tucci. *Brasil, um refúgio nos trópicos*: a trajetória dos refugiados no nazi-fascismo. São Paulo: Estação Liberdade, 1996.

8 CARNEIRO, Maria Luiza Tucci; MIZRAHI, Raquel (Org.). *Histórias de vida*: refugiados do nazifascismo e sobreviventes da Shoah. São Paulo: Maayanot, 2017. (Série: Vozes do Holocausto, 2 v.).

deu de origem europeia, no Brasil, a "transcrever literariamente a Segunda Guerra Mundial das fileiras militares". Ele representaria, desse modo, o que poderia ser visto como a "essência do imigrante aculturado, aquele que absorveu os valores da terra adotada para defendê-la como brasileiro nato".[9]

Para dar uma visão da literatura brasileira sobre a Shoah, Igel propõe três módulos: um pedagógico, caracterizado por um teor paradidático que enfoca a rotina dos guetos e dos campos de concentração vividos pelo narrador; um híbrido, que se caracteriza por uma combinação de estilos – traços pedagógicos entrelaçando-se com descrições de vivências durante a guerra, reais ou imaginadas; e um terceiro módulo no qual as narrativas apresentam um discurso conduzido, geralmente, por um narrador onisciente que analisa ou interpreta reações dos personagens diante de dramas e conflitos diante da Shoah.

Berta Waldman, no ensaio "O holocausto na literatura brasileira: uma pequena anatomia da memória", afirma que a literatura de testemunho ancorada, portanto, na experiência, luta para transformar a memória do passado numa possibilidade de "esquecimento", no sentido de aliviar as angústias e, assim, criar o solo ou a promessa de um futuro. São narrativas catárticas que enfocam a dor, o sofrimento, as injustiças cometidas a pessoas inocentes.[10]

---

[9] IGEL, 1997, p. 216.

[10] WALDMAN, Berta. O holocausto na literatura brasileira: uma pequena anatomia da memória. *Cadernos de língua e literatura hebraica*: Publicação do Curso de Pós-Graduação de Língua Hebraica, Literatura e Cultura Judaicas – FFLCH – USP. São Paulo: Editora Polo, 2004. p. 72.

No âmbito da literatura brasileira, além do conto "O retrato", de Jacó Guinsburg, Waldman analisa outros textos importantes: os contos "O Profeta", de Samuel Rawet, e "Mitzves, Boas ações", de Meir Kucinski; o romance *A Guerra no Bom fim*, de Moacyr Scliar; a coletânea de contos *A vida secreta dos relógios e outras histórias*, de Roney Cytrynowicz; e o romance *Memorial de um herege*, de Samuel Reibscheid. Atualmente, a essa lista poderíamos acrescentar: *O que os cegos estão sonhando?*, de Noemi Jaffe; *Diário da queda*, de Michel Laub; *Logocausto*, de Leandro Sarmatz; *Traduzindo Hannah*, de Ronaldo Wrobel e outros tantos autores e obras.

Além dos textos por Igel e por Waldman, acrescento os contos "A velha", de Guimarães Rosa; "Na minha suja cabeça, o holocausto", de Moacyr Scliar; e "O violinista e o telhado", de Cíntia Moscovich; o romance *Sob os rios que vão*, de Maria José de Queiroz; e os poemas "Balada para os mortos no campo de concentração", de Vinicius de Moraes, e "Canção para a Judia de Varsóvia", de Jorge Amado; e o artigo "Entre a lembrança e o esquecimento: a Shoá na literatura brasileira", de Berta Waldman.[11]

Em 1938, Guimarães Rosa é nomeado Cônsul Adjunto em Hamburgo, na Alemanha. Lá conhece Aracy Moebius de Carvalho, que viria a ser sua segunda mulher. Embora consciente dos riscos que corria, protegeu e facilitou, com a ajuda da esposa, a

---

[11] WALDMAN, Berta. Entre a lembrança e o esquecimento: a Shoá na literatura brasileira. *Arquivo Maaravi*: Revista Digital de Estudos Judaicos da UFMG. Belo Horizonte, v. 9, n. 17, p. 53-62, nov. 2015. Disponível em: <http://www.periodicos.letras.ufmg.br/index.php/maaravi/article/view/9731/1>. Acesso em: 18 ago. 2018.

fuga de judeus perseguidos pelo nazismo. Em reconhecimento a essa atitude, o diplomata e sua mulher foram homenageados em Israel, em abril de 1985. O nome do casal, dado a um bosque ao longo das encostas que dão acesso a Jerusalém, foi a forma encontrada pelo governo israelense para expressar sua gratidão àqueles que se arriscaram para salvar judeus na Segunda Guerra Mundial. Segundo sua esposa, que compareceu a Israel por ocasião da homenagem, seu marido sempre teve consciência do perigo que os judeus corriam e o visto para sair da Alemanha era uma forma de, naquele momento, salvar vidas.

Apesar de *Ave palavra* ser caracterizado como um livro de contos, configura-se, esse livro de Rosa, como uma reunião de textos esparsos, poemas, notas de viagem; uma espécie de diário, composto de flagrantes, reportagens poéticas e meditações que foram consideradas pelo próprio escritor, como uma miscelânea formal e temática. Publicado postumamente em 1970, *Ave palavra* traz um estranho conto intitulado "A velha". Nele, um alterego do escritor, um cônsul na Alemanha no período nazista, recebe de uma velha senhora a incumbência de salvar sua filha. Naquele momento, esta revela, para o cônsul, um segredo que guardara há anos, qual seja, que a filha não era, na verdade, filha legítima do marido alemão, mas de um brasileiro. A narrativa deixa, no entanto, no ar, a ambiguidade dessa afirmativa. A confissão da paternidade da filha, até então escamoteada, e que, num momento de risco, é revelada, coloca em evidência as estratégias de sobrevivência de pais e filhos diante de um governo autoritário.

No conto "Na minha suja cabeça, o holocausto", Moacyr Scliar arma, sob a sutil trama da ironia, o ponto de vista de um adolescente sobre um suposto sobrevivente da Shoah. Apesar de sua geração não ter sido diretamente vítima da catástrofe, esse é um tema que também aparece na obra de Scliar. Nesse texto, narra-se a história de um homem que parece fingir ser um sobrevivente para obter vantagens e é desmascarado por um adolescente que, num primeiro momento, é até um pouco desrespeitoso. No entanto, no decorrer da narrativa, em meio a ambiguidades entre fato e imaginação, descobre-se que a irreverência do menino impede que ele seja, portanto, enganado.

No conto "O telhado e o violinista", Cíntia Moscovich explora as incontáveis possibilidades da manifestação do mal no universo infantil e familiar. Num desentendimento entre duas meninas, uma delas é vítima do conhecimento da diferença por meio do inolvidável insulto de "Judia suja!" Esse aprendizado, que fere a personagem, anos depois, equivale a ter consciência do preconceito e do antissemitismo em terras brasileiras. Ao tentar, na idade adulta, ensinar a filha as estratégias de sobrevivência num mundo hostil, a personagem tenta, em vão, passar ao largo da Shoah, ou seja, educar a nova geração, sem o peso do dever da memória.[12]

O romance *Sob os rios que vão*, de Maria José de Queiroz, narra a história de judeus búlgaros que, fugindo da Shoah na Europa,

---

[12] Vale lembrar, no título de Moscovich, a referência ao filme *Um violinista no telhado*, 1971, de Norman Jewison, baseado na novela "Teyve, o leiteiro", c. 1899, de Scholem Aleichem.

vêm para o Brasil e aqui sofrem assimilações e aculturações. O filho do casal, Miriam e Fatuel Levi, já nascido no Brasil, intenta fugir da sua identidade judaica trocando de nome e se afastando dos pais. Ironicamente, tanto o aprendizado da Física quanto o da Música denunciam, no judeu brasileiro, o peso de sua história e de seu estar no mundo.

Ainda sobre a literatura da Shoah no Brasil, destaco dois poemas de escritores brasileiros, não judeus, Jorge Amado e Vinicius de Moraes, que viveram e deram seu testemunho num mundo, pós--Shoah, mas ainda sombrio.

Como todos sabem, Jorge Amado, devido suas atuações políticas, principalmente no Partido Comunista (PCB), sofre sua primeira prisão em 1936. Acusado de participar do levante ocorrido em novembro do ano anterior em Natal – chamado de "Intentona Comunista" – é detido no Rio de Janeiro. Segundo as atas militares, foram queimados 1.694 exemplares de seus romances: *O país do carnaval*, *Cacau*, *Suor*, *Jubiabá*, *Mar morto* e *Capitães da areia*. A "Intentona Comunista" foi um levante liderado pelo capitão Luís Carlos Prestes que, percorre, a pé, 25 mil km, em todo território nacional com sua tropa. Prestes, depois de uma viagem a Moscou, retorna ao Brasil, com Olga Benário, judia comunista, como sua segurança. Anos mais tarde, Olga será presa e deportada para Alemanha nazista e perecerá no campo de Ravensbrück.

Em 1941, Amado pesquisa a vida de Prestes para escrever *A vida de Luís Carlos Prestes*, pensando numa possível campanha pela anistia do líder comunista. O escritor viaja para o Uruguai a fim de recolher material e publica seus escritos, em Buenos Aires, em 1942. Embora editado em espanhol, o livro é vendido clandestinamente no Brasil e só irá ser publicado em português em 1945, rebatizado de *O cavaleiro da esperança*.

Amado, depois do período no Uruguai, volta ao país, mas é preso ao desembarcar em Porto Alegre. De lá, é enviado para o Rio. Não permanece, porém, na então capital federal: a polícia o despacha para Salvador, onde fica confinado. Em 1945, é eleito Deputado Federal pelo Partido Comunista. Na Assembleia Constituinte, é autor da emenda de liberdade de culto religioso até hoje vigente no Brasil.

Sua fama, inclusive internacional, deve-se, no entanto, a um projeto literário que intenta, sobretudo, construir um perfil de Brasil, a partir da Bahia. De sua lavra temos: *Tenda dos milagres*, *Dona Flor e seus dois maridos*, *Gabriela Cravo e Canela*, entre tantos outros romances que foram adaptados para a televisão e para o cinema, consagrando, atores e atrizes, como intérpretes do que poderia ser chamado de brasilidade.

Exilado na Tchecoslováquia, depois de haver sido expulso da França, em 1950, Amado escreve *O mundo da paz*, no qual encontramos o longo poema "Canção da Judia de Varsóvia".[13] Composto por 13 estrofes, o texto traz um eu lírico que se identifica, em primeira pessoa, com uma mulher judia sobrevivente do gueto de Varsóvia, na Polônia.

---

[13] AMADO, Jorge. *O mundo da paz* – União soviética e democracias populares. Rio de Janeiro: Vitória, 1951.

Essa é, portanto, a principal questão que se apresenta: o caráter de testemunha encenado no poema, na medida em que há uma identificação do poeta com aquele a quem quer dar voz. O escritor brasileiro mesmo sem sentir, na pele, a experiência da Shoah, recria a voz e os vestígios da memória de uma sobrevivente. Na primeira estrofe, tem-se:

> Meu nome, já não o sei. Só de Judia me chamam.
> Meu rosto já foi bonito, na primavera em Varsóvia. Um dia, chegou o inverno,
> Trazido pelos nazistas;
> E nunca mais quis ir embora.

Após esse momento – de identificação do poeta com a voz da personagem que fala no texto – tem-se, na primeira estrofe, a informação do esquecimento do nome próprio que, substituído pela alcunha estigmatizante de judia, exibe um dos recursos nazistas para se apagar a memória judaica. Embora ausente no poema, a ideia da numeração pelas tatuagens nos prisioneiros também pode ser aqui evocada. Ao numerar os judeus, esperava-se destruir sua identidade, sua memória. Nesse sentido, a marcação de tempo e espaço são fundamentais. O eu que fala no poema esqueceu-se do nome, mas lembra-se do tempo, em Varsóvia, antes dos nazistas. Esse tempo é marcado pela referência à primavera, às flores e às crianças. Seu contraponto é o inverno infinito que representa, no poema, o frio, o sofrimento, a fome e a ausência da beleza e da cor, simbolizada pelos nazistas: "Um dia já fui bonita, / tive noivo, e tive sonhos. / Trazidos pelos nazistas / Veio o terror, veio a morte".

No tempo passado, o eu lírico lista suas posses: a beleza, o noivo e os sonhos. A subtração de tudo isso é substituída pelo terror, pela morte. Os nazistas, nesse segundo verso, são, sobretudo, mensageiros, os males são "trazidos pelos nazistas":

> As flores se acabaram... As criancinhas também.
> Meu noivo foi fuzilado na madrugada do inverno. Alegres jardins de outrora hoje já não existem.
> Nunca mais verei as flores.

As crianças morreram de fome, pelas sarjetas, furadas de baionetas, para a diversão sádica dos nazistas. Nesse tempo de morte, não há lugar, portanto, para a primavera, para as flores e os alegres jardins de outrora. Nem para o noivo, que "foi fuzilado na madrugada do inverno". O retrato da cidade, tal como apresentado, revela de forma impressionante, num crescendo, a mudança da paisagem geográfica, temporal e humana. Varsóvia, a cidade das flores, agora se apresenta como a cidade do inverno, do inferno cinza e sangrento. As atrocidades, pura diversão para os malfeitores, reverberam-se nos versos "Inverno que não acaba, só há desgraça e tristeza, / soluços de toda a gente e as gargalhadas dos nazis!" e marcam o eu lírico. Na referência ao assassinato do pai, "na vista de minha mãe", não há lágrimas, porque o sofrimento transpassou todos os limites do humano. Resta, no entanto, uma esperança que vem nas últimas estrofes:

> Uma coisa me disseram – quem dera fosse verdade...
> Disseram que em outras terras,
> Judias e não judias, moças que nem nome têm,

Em armas se levantaram,
Que guerrilheiras se chamam, que matam nazis nas noites,
Que vingam os noivos e a honra!
Quem dera fosse verdade! Porque... Se fosse verdade, mulheres matando nazis,
Nesse campo desgraçado uma alegria eu teria, uma esperança também.

Dizem que em outras terras lutam mulheres em armas...
Quem dera fosse verdade porque...
Se fosse verdade,
Um dia para Varsóvia, com certeza chegaria,
em que o Inverno se fosse e os nazistas se acabassem.
E a primavera encheria de cantos
Varsóvia inteira,
Nas ruas de criancinhas, nos alegres jardins de flores,
Nos olhos dos namorados...
Tudo seria uma canção!
E, moça judia então, NOME de novo eu teria!

A destruição deixada pelos nazistas – o apagamento do nome próprio, a cidade destruída, a morte do noivo e do pai, além do desaparecimento da mãe, cujo destino não se sabe – vêm com um vestígio de esperança. A indeterminação do sujeito, "uma coisa me disseram" e "disseram que em outras terras...", traz, para o eu lírico, a inspiração da reação contra os nazistas. A imagem de gado marcado, presente nos versos "Só, sobre o peito, uma marca feita com ferro em brasa,/ como um rebanho de gado/ para os açougues dos nazis" parece, no afã de se acreditar na possibilidade de uma reação, contrapor-se a imagem do final do poema das "mulheres matando nazis". Ao reagir e reassumir as rédeas da própria vida, as mulheres judias de Varsóvia poderiam, por meio de uma canção, trazer para a cidade destruída a primavera, as crianças, os namorados, os noivos e, enfim, o nome de volta.

O segundo poema, "Balada dos mortos no campo de concentração", [14] de Vinicius de Moraes, publicado em 1946, portanto, logo após o fim da Segunda Guerra Mundial, também é de um escritor que pode ser lembrado apenas como compositor e músico. Autor de canções como "Garota de Ipanema" ou "Samba do avião", Vinicius foi advogado e membro do corpo diplomático brasileiro junto a UNESCO.

Sua carreira artística tem início em 1927 como compositor. Marcado pelo estilo romântico, Vinicius publica, em 1933, seu primeiro livro *O caminho para a distância*. Em 1943, lança *Cinco elegias* e, em 1946, *Poemas, sonetos e baladas*, rebatizado, depois, como *O encontro do cotidiano*.

Em parceria com Tom Jobim, Vinicius produz inúmeras canções, mas é com as baladas que, segundo os críticos, alcança sua maturidade estilística. A balada consiste, basicamente, numa canção de natureza sentimental que possui ritmo lento e melodia simples. Mas o poema "Balada dos mortos no campo de concentração" carrega traços sinistros e surrealistas.

---

[14] MORAES, Vinicius de. Balada dos mortos no campo de concentração. In: ______. *Antologia poética*. Rio de Janeiro: A Noite, 1954. p. 114-115.

Desde o primeiro verso, cadáveres comparados a espantalhos, que remetem ao corpo sem vida e, também, ao espanto diante da violência e do mal, compõem cenas em que as vítimas são apresentadas, irremediavelmente presas, como bailarinos de uma dança ou música macabra:

> Cadáveres de Nordhausen
> Erla, Belsen e Buchenwald!
> Ocos, flácidos cadáveres
> Como espantalhos, largados
> Na sementeira espectral
> Dos ermos campos estéreis.

As imagens de mortos necrosados, putrefatos e fluorescentes, além de exibir a violência a que os corpos foram submetidos, delineiam algo da ordem do insepulto e, embora a repetição da lista dos campos, como um coro, reitere a condição de "balada" do poema, fazendo ouvir uma musicalidade, esta soa no diapasão do pavor e da tristeza.

Algumas expressões inusitadas, como "sorrisos de giocondas", "faces hediondas" ou "góticos cadáveres", atribuídas às vítimas do nazismo exemplificam a condição-limite em que o eu lírico também se encontra ao tentar, com a linguagem, representar o horror:

> Os magros braços em cruz
> Em vossas faces hediondas
> Há sorrisos de giocondas
> E em vossos corpos, a luz

Que da treva cria a aurora.
Cadáveres fluorescentes
Desenraizados do pó
Grandes, góticos cadáveres!

A imagem dos "magros braços em cruz", na estrofe, aproxima os flagelos recebidos por Cristo aos infligidos às vítimas da Shoah. Com essa estratégia, o poeta reelabora a dor e o suplício, já conhecidos pelo leitor, fazendo-o alcançar aqueles que foram ultrajados pelo nazismo.

A referência ao sorriso da Gioconda, por sua vez, no plural, também conta com a memória e a perspicácia do leitor. O mistério presente no quadro de Leonardo da Vinci desperta o interesse de artistas, críticos e pesquisadores há séculos. A expressão enigmática foi feita, de acordo com especialistas, com uma técnica conhecida como *sfumato*. Com esse artifício, que causa efeitos óticos como se a imagem mudasse conforme a variação do ângulo ou da distância em que é observada, Da Vinci deu ao quadro a ilusão de movimento, causando uma sensação intrigante e perturbadora no observador. No poema, no entanto, o enigma está no ricto de morte inscrito na face daqueles que foram torturados. Daí a referência, também, ao gótico, isto é, ao clima de terror fantasmagórico e, quase sobrenatural, em que os supliciados estão submergidos.

Levando mais ao extremo o suplício, o eu lírico acrescenta: "Ah, doces mortos atônitos/ Quebrados a torniquete/ Vossas louras manicuras/ Arrancaram-vos as unhas/ No requinte da tortura/ Da última toalete...". Nesse trecho, os vocábulos "doces", "louras manicuras" e "última toalete" revelam não só o requinte da mortificação, mas o horror da linguagem que, metonimicamente, exibe o corpo fragmentado.

Nesse poema, como no de Amado, tem-se a referência ao gado marcado e à surrealista comparação das peles sobre os esqueletos com a de tambores. Para o eu lírico, os instrumentos do Monstro – desfibrados a pancada, logo, se tornam, portanto, a partir da metáfora musical, mortos de percussão. Além do horror, essa aproximação entre a música e a morte aponta para a noção de repercutir ou reproduzir não só o som, mas a imagem do mal que no corpo se inscreve para além da pele.

Na paródia ao texto do Evangelho, "vós sois o sal da terra", traduzida por "vós sois o húmus da terra", destaca-se a substituição de "sal" por "húmus":

> Vós sois o húmus da terra
> De onde a árvore do castigo
> Dará madeira ao patíbulo
> E de onde os frutos da paz
> Tombarão no chão da guerra!

A apropriação do verso bíblico retirado do Sermão da Montanha (ou das Bem-aventuranças), desloca o sentido positivo do texto sagrado, conferindo-lhe, no campo semântico da morte, a desesperança que ali reina. O húmus é o produto da decomposição de restos, principalmente de vegetais e de animais, que vão se acumulando no solo. Essa camada de matéria orgânica opõe-se ao sal que, no contexto bíblico, é o elemento que evita a degradação. Metaforicamente, apesar de terem sido quase exterminados, esses "restos humanos", suas memórias e suas reminiscências, permanecerão como força e fertilizante, apesar de um triste vaticínio fechar o poema: a paz que perece pela guerra.

Ambos os poemas trazem a música em seus títulos: balada e canção. Algo da ordem do que é prazerosamente sonoro é evocado. De alguma forma, "a voz dos vencidos" é, nesses textos, trazida à baila. Nenhum dos dois poemas é passivo, omisso ou produz um elogio do soterramento e do esquecimento. As metáforas utilizadas pelos poetas são terríveis, as imagens, num primeiro momento, deixam o leitor desenraizado, porém, ao correr da pena, elas revelam não só as penas, mas a necessidade de mais do que um fantasma ou esqueleto, ter-se, sempre, diante de nós, o corpo vivo da Shoah.

A miniaturização do mundo em *A Guerra no Bom Fim*, de Moacyr Scliar

A miniatura é uma das moradas da grandeza.
(Gaston Bachelard)

Deus está nos detalhes. E o diabo também.
(Umberto Eco)

Em "O rigor da ciência", Jorge Luis Borges apresenta mapa e cartógrafos monstruosos:

> ... Naquele Império, a Arte da Cartografia alcançou tal Perfeição que o mapa de uma única Província ocupava toda uma Cidade, e o mapa do império, toda uma Província. Com o tempo, esses Mapas Desmesurados não foram satisfatórios e os Colégios de Cartógrafos levantaram um Mapa do Império, que tinha o tamanho do Império e coincidia pontualmente com ele. Menos Afeitas ao Estudo da Cartografia, as Gerações Seguintes entenderam que esse dilatado Mapa era Inútil e não sem Impiedade o entregaram às Inclemências do Sol e dos Invernos. Nos desertos do Oeste perduram despedaçadas Ruínas do Mapa, habitadas por Animais e por Mendigos; em todo o País não há outra relíquia das Disciplinas Geográficas. (Suárez Miranda: *Viajes de Varones Prudentes*, livro quarto, cap. XLV, Lérida, 1658.)[1]

---

[1] BORGES, Jorge Luis. Do rigor da ciência. Trad. Josely Vianna Baptista. In: ______. *Obras Completas de Jorge Luis Borges, volume* 2. Vários tradutores. São Paulo: Globo, 2000. p. 247.

A monstruosidade presente no empreendimento dessa associação pode ser entrevista no desejo absurdo de fazer coincidir mapa e território. Essa arrogância faz com que a arte da cartografia (que enquanto arte poderia constituir-se a partir da imaginação) seja rebaixada a uma mera disciplina.

O romance *A Guerra no Bom Fim*, de Moacyr Scliar,[2] pode, ao contrário, ser o contraponto a esse empreendimento dos geógrafos de Borges. A narrativa encena a Segunda Guerra Mundial e os seus efeitos devastadores no Bom Fim, o bairro judaico de Porto Alegre. A partir do ponto de vista da infância, esse espaço de sonho e de fantasia, mas também de pesadelos e maus presságios, é configurado como "um pequeno país" que revela, em sua conformação, o mundo miniaturizado pela ficção e brutalizado pela guerra.

O espaço povoado pela criatividade das crianças e pela existência de animais e seres híbridos ou monstruosos conforma um cenário chagalliano que deixa vislumbrar os intertextos literários e artísticos caros à ficção de Scliar. Miniaturizado, o bairro judaico e a representação da guerra e dos estranhos seres que ali habitam, para além de um mapa desmesurado da realidade, produzem uma ficção em que a miniatura aponta para uma poética, uma estratégia de construção literária. O mundo miniaturizado criado pela ficção ativa similitudes e grandezas imprevistas. De acordo com Gaston Bachelard, nesse espaço, "os valores se condensam e se enriquecem" e "é preciso ultrapassar a lógica para viver o que há de grande no pequeno".[3]

---

[2] SCLIAR, Moacyr. *A Guerra no Bom Fim*. Porto Alegre: L&PM, 2004.

[3] BACHELARD, Gaston. A miniatura. In: ______. *A poética do espaço*. Trad.

As miniaturas são frequentes na obra de Scliar. Em "As ursas", por exemplo, ao se apropriar do episódio bíblico, no qual o profeta Eliseu, ao ser chamado de calvo por alguns rapazes, amaldiçoa-os, o espaço mínimo e de confinamento é ativado por essa imprecação. Saem, então, da mata duas grandes ursas e devoram quarenta e dois meninos. Até o segundo parágrafo do conto, o texto de Scliar se configura como uma exata paráfrase do texto bíblico. A partir dali, no entanto, o leitor percebe um desvio, em forma de interpolação. Parte dos rapazes devorados não são reduzidos a partículas insignificantes quando atacados por fortes ácidos, mas caem no enorme estômago da ursa. Ali ficam e finalmente, vão se adaptando. O tempo passa e como não morrem, afirma o narrador, se animam, conversam, fazem brincadeiras e, quando cansam, falam sério, organizam-se, traçam planos:

> Crescem, mas não muito; o espaço confinado não permite. Tornam-se curiosa raça de anões, de membros curtos e grandes cabeças, onde brilham olhos semelhantes a faróis sempre a perscrutar a escuridão das entranhas. E ali fazem a sua cidadezinha, com casinhas muito bonitinhas pintadas de branco. A escolinha. A prefeiturazinha. O hospitalzinho. E são felizes.[4]

Segue-se, na narrativa, após a fundação dessa mínima cidade, uma série de diminutos elementos: celeirinhos, comidinhas, fabricazinhas, coisinhas, cineminhas, igrejinhas, clubinhos, estradinhas... Essa enumeração conforma um espaço agônico e o

---

Antonio de Pádua Danesi. São Paulo: Martins Fontes, 1993. p. 159.

[4] SCLIAR, Moacyr. As ursas. In: ______. *Contos reunidos*. São Paulo: Companhia das Letras, 2003. p. 226.

conflito entre gerações acaba por fazer com que após anos de felicidade, as crianças nasçam com longos braços e pernas, cabeça bem proporcionada e meigos olhos castanhos.[5] A primeira geração de anões, monstruosa por deformações inerentes ao espaço e às agruras da vida no estômago de uma ursa, é sobreposta a outra, mais forte e, aparentemente, menos estranha. A cidadezinha também tem o seu rígido profeta, calvo e de olhar terrível. O governozinho pensa em consultá-lo sobre a conveniência de executar os bebês tão logo nasçam. Passa o tempo e as crianças crescem e ninguém os pode conter. Invadem os cineminhas, as igrejinhas, os clubinhos. Não respeitam ninguém. Nem a polícia. Um dia, relata o narrador, o profeta sobe a rua, a caminho de sua mansãozinha quando os rapazes o avistam e zombam dele chamando-o de calvo. Volta-se o profeta, como no primeiro caso, e os amaldiçoa. Pouco depois, surgem duas ursas que devoram os meninos, fechando, desse modo, o círculo da narrativa. Ocorre, porém, que o texto por intermédio dessa estratégia abre-se, infinitamente, para uma reflexão importante sobre o conflito entre gerações, evidenciando como a juventude pode deixar de ser uma promessa para se tornar uma ameaça.

Em "O anão no televisor", desde o início, a construção do espaço é aflitiva não só pelo tamanho reduzido, mas por esse lugar ser habitado. O leitor acompanha a narrativa em primeira pessoa, vendo, pelos olhos do anão, a vida de Gastão, dono de uma loja de televisores: "Ser um anão e viver dentro de um televisor – ainda que seja um televisor gigante, em cores – é terrível [...].[6] Se,

---

[5] Cf. SCLIAR, 2003, p. 225.

[6] SCLIAR, Moacyr. O anão no televisor. In: ______. *Contos reunidos*. São

no conto anterior, destacam-se as enumerações de substantivos, neste, o diminuto é contraposto ao desmesurado do apartamento. Mais do que esse insólito espaço habitado pelo anão, a condição de encaixotado é especular à de Gastão que, de um armário metafórico, assedia sexualmente um empregado. A tela da televisão, portanto, de onde o anão observa o personagem, torna-se espelho da vida "no armário", de Gastão.

O primeiro parágrafo do romance *Cenas da vida minúscula* dá o tom da narrativa: "Não é pouco o que hoje sei, portanto começo com Kafka, que resume tudo neste aforismo: 'Duas possibilidades: ser infinitamente pequeno ou fazer-se infinitamente pequeno. A primeira possibilidade é perfeição, portanto inação; a segunda é o começo, portanto ação.'"[7] Quem narra a história é um descendente do rei Salomão que, em São Paulo, rememora seu aparecimento no mundo por meio de fórmulas mágicas, cabalas e outras alquimias. Nascido na floresta amazônica, com cerca de dez centímetros de altura, esse estranho narrador de memória prodigiosa, não sem ironia, filia-se a uma intrigante tradição de seres liliputianos, como o Pequeno Polegar; de golems, como o do Rabino Leão, de Praga; e de homúnculos e minúsculos seres, como os de Paracelso. Todas essas referências vem a partir do périplo de antepassados do narrador, que do reino de Salomão à floresta amazônica, registram suas aventuras em um livro mágico que rivaliza com o Livro. A emulação de Adão, que se entrevê na narrativa, também ocorre, especularmente, com o livro sagrado que, no romance, é escrito

---

Paulo: Companhia das Letras, 2003. p. 380.

7 SCLIAR, Moacyr. *Cenas da vida minúscula*. Porto Alegre: L&PM, 2003. p. 5.

por Sulamita, uma das filhas de Salomão. O jogo de espelhos com a narrativa bíblica duplica o nome da musa do *Cântico dos* Cânticos e impõe sobre ela a tarefa de escrever a história do povo judeu. No entanto, sua insurreição inspira-se em Lilith:

> Eu não me submeto. Eu adivinho os pensamentos de Jeová: "O Senhor disse consigo" escrevo, em determinado trecho. Entendes, Habacuc? "O Senhor disse consigo." Deus é onisciente, mas eu sou mais onisciente do que Deus, eu sei o que ele pensa. Ele não me derrotará, Habacuc, nem ele, nem seu preposto Salomão. Ele criou o céu e a terra, mas eu crio o texto que ele habita.[8]

O desejo de criar uma escrita em que Deus habite acaba por se configurar, pelo ponto de vista dessa personagem, como uma história vista de baixo, a das mulheres e sua inscrição no território sagrado do texto. Se os ancestrais do pequeno narrador perseguem, de geração em geração, a emulação do ato divino da Criação, a jovem copista, em sua pequena rebeldia, lança suspeita sobre a construção do sagrado e suas mistificações quando a questão é a escrita e suas relações com o poder.

Em *A Guerra no Bom Fim,* o mundo miniaturizado é o bairro judaico de Porto Alegre onde crianças, numa lírica infância, entretecem o conflito e a violência com a vida no pequeno país do Bom Fim. É a infância que comanda a narrativa e a miniatura dos jogos infantis é proposta para encerrar um valor imaginário,

---

[8] SCLIAR, 2003, p. 21.

que é a fantasia: "Consideremos o Bom Fim um país – um pequeno país, não um bairro em Porto Alegre." Assim, o narrador inicia o leitor nesse pequeno mundo que não possui compromisso com a geografia ou a história real com seus mapas e manuais:

> Limita-se, ao norte, com as colinas dos Moinhos de Ventos; a oeste, com o centro da cidade; a leste, com a Colônia Africana e mais adiante Petrópolis e as Três Figueiras; ao sul, com a Várzea, da qual é separado pela Avenida Oswaldo Aranha. Em 1943, a região da Várzea, já saneada, estava transformada num parque – a Redenção –, no centro do qual a Polícia tinha estabelecido um pequeno forte; fora dessa ilha de segurança as noites na Redenção eram perigosas, especialmente no inverno, quando a cerração invadia aquelas terras baixas. Verdadeiro mar, onde, a espaços, boiavam tênues globos de luz.[9]

Os limites imaginários do bairro são descritos sem, no entanto, coincidir com a cidade real. Nesse sentido, "a pequenez não é ridícula, mas maravilhosa".[10] Como numa espécie de contraponto aos mapas de Borges, no espaço encenado por Scliar, nesse Bom Fim da infância, as fronteiras se diluem, novas e imprevisíveis margens produzem, também, inusitados intercâmbios culturais como a amizade entre os meninos Joel e Nathan e o negro cujo apelido era Macumba. Se, como queria Bachelard, o minúsculo é a morada da grandeza, metaforicamente, a aparição de Macumba transforma a família judaica:

---

[9] SCLIAR, 2004, p. 5.

[10] BACHELARD, 1993, p. 172.

> O negrão Macumba surgiu nos fundos da casa de Joel depois das grandes chuvas que precederam a festa de Pessach. O quintal estava transformado num verdadeiro mar, um grande mar de águas barrentas [...]. Estava de pé, parado. Era enorme e tinha um serrote na mão; pareceu a Shendl tão ameaçador quanto o Faraó o era para os judeus no Egito.[11]

Essa aparição irá entretecer a história bíblica do Êxodo com a família de Joel, em uma visão estarrecedora. Macumba, aos olhos do narrador, insensível aos flagelos imaginários, às pragas de gafanhotos e de rãs, às úlceras, ao sangue e às feridas, vai em direção à apavorada mulher, que tinha na mão uma faca. Indiferente a essa ameaça, que inverte o episódio bíblico, Macumba responde com uma saudação gentil, perguntando se havia lenha para serrar. Havia. E ele serrou a lenha por um pouco de pão.

Amigo das crianças, Macumba era, portanto, "inimigo dos nazistas e amigo do Rei Joel, a quem tornou sábio como Salomão pelo ensino de segredos valiosos".[12] Foi, segundo o narrador, graças a um despacho feito por Macumba que a turma ganhou a batalha de Guadalcanal, na esquina de Vasco da Gama com a Fernandes Vieira. O território da guerra migra, portanto, para o Bom Fim. Desse modo, a primeira vitória terrestre dos aliados na Segunda Guerra Mundial, travada de agosto de 1942 a fevereiro de 1943 entre norte-americanos, australianos e japoneses no Oceano Pacífico, foi devida, com humor e graça, a um despacho do negro Macumba.

---

[11] SCLIAR, 2004, p. 30.

[12] SCLIAR, 2004, p. 30.

Além disso, a enumeração de uma fauna humana que habita o bairro também denuncia a degradação física e moral do espaço:

> Durante o dia via-se ali o vulcão extinto. A árvore petrificada. A Casa Chinesa. Ciprestes sobre o lago. Barcos. Poço dos jacarés. Ruínas de antigas civilizações; entre elas, meio ocultos, os ariscos pederastas. As garças e as capivaras. Búfalos. Uma harpia. O lago das carpas vorazes. E aos domingos: soldados de farda amarela, empregadas com sombrinhas, vendedores de pipoca. Junto à estação dos barcos tocava a banda do Exército da Salvação, tendo escrito no mastro de seu estandarte: A FERRO E FOGO.[13]

Essa lista que engloba um vulcão extinto, uma árvore petrificada, uma casa chinesa, ciprestes, barcos, poço e lago conforma outro espaço insólito da narrativa. Como no texto de Borges, ela aponta para "ruínas de antigas civilizações", mas não para a representação total de sua geografia. Um estranho bestiário não isenta o humano de sua enumeração: pederastas, jacarés, garças, capivaras, búfalos, harpia e as carpas vorazes, além, é claro, dos soldados, das empregadas, dos vendedores e dos músicos da banda religiosa.

A esse peculiar bestiário, poderíamos acrescentar o irmão de Joel, o frágil Nathan, que se assemelha aos violinistas no telhado de Sholem Aleichem e de Marc Chagall. O conto de Aleichem, "Teive, o leiteiro" dará origem ao célebre musical "O violista no telhado",

---

[13] SCLIAR, 2004, p. 6.

de Norman Jewison, de 1964. Mas, talvez seja, na obra de Chagall, que o violinista alcança sua representação mais instigante.

Chagall nasceu em 1887 em Vitebsk, atual Bielorrússia. De família tradicional, o artista viveu o período pré-revolucionário russo, especialmente difícil para os judeus devido a perseguições do regime czarista. Sofreu, ainda, o antissemitismo quando seus trabalhos foram considerados "arte degenerada judia" e destruídos na Alemanha nazista. O mundo onírico de vacas e de bodes coloridos e de casais enamorados que flutuam no ar pode ser entrevisto no romance de Scliar.

Quando o escritor constrói o bairro do Bom Fim, muito das aldeias pintadas por Chagall estão ali evocadas. Apesar de cosmopolitas, Chagall e Scliar mantiveram os pés na vida simples da cidadezinha judaica, o *schtetl*. Como afirma Bachelard: "os valores engolfam-se na miniatura" e "a miniatura faz sonhar."[14] Assim, os pequenos violinistas que iluminam as cinzentas e frias cidadezinhas da Europa vem, no texto de Scliar, dar asas a Nathan. De acordo com a narrativa:

> Embora cercado de colinas, o Bom Fim é um país plano. Para enxergar Macumba, Nathan voava entre os telhados, sondando ansioso o horizonte, na esperança de avistar o negro. Só Joel sabia que o irmão voava [...].[15]

[14] BACHELARD, 1993, p. 160.

[15] SCLIAR, 2004, p. 31-32.

Só podia voar, esse menino frágil que não comia. Já padecia da doença que viria a matá-lo, conta-nos o narrador. Cada vez mais magro e tossindo muito, um dia Nathan experimenta da marmita de Macumba e ele gosta do arroz com feijão e do pirão de farinha de mandioca. A partir de então, Macumba dava sua marmita e recebia da mãe do menino um prato com boa comida ídiche. Comiam juntos no fundo do quintal até que, um dia, Macumba botou sangue pela boca. Disse, então: "'Agora estamos juntos, meu amiguinho. Mas guarda segredo'. Um dia sumiu para os lados do Morro da Velha, de onde tinha vindo, e nunca mais foi visto."[16]

A amizade por Nathan diminui, positivamente, a condição de adulto de Macumba e o faz amigo e companheiro dos meninos do bairro, a ponto de também adoecer e desaparecer. O mergulho do adulto nas dimensões da infância é determinada pela fantasia e compõe um cenário de sonho que, de certa forma, revela a grandeza moral de Macumba. Nesse sentido, a guerra miniaturizada que invade o bairro, o pequeno país das crianças, é inversamente proporcional à grande bondade e à pacificidade de Macumba.

A Segunda Grande Guerra, no entanto, é o que emoldura as aventuras da infância no Bom Fim. Entremeados às notícias do *front*, os jogos de guerra encenados pelas crianças, reproduzem, em escala menor, os desastres ocorridos na Europa:

> O Bom Fim estava de pé pela democracia. Organizou-se a Campanha da Borracha. Na Itália a FEB lutava de colina em

[16] SCLIAR, 2004, p. 31.

> colina; no Bom Fim os caminhões passavam recolhendo borracha para fazer rolar os pneus da vitória. [...] Hitler (Quem é que usa o cabelinho na testa? E um bigodinho que até parece mosca? Eh, eh, eh – palhaço!) espumava de raiva. Os alemães recuavam na Rússia, tinham falhado no bombardeio de Londres, estavam perdidos no norte da África... Era demais para aquele comedor de chucrute. Em desespero, resolveu invadir o Bom Fim.[17]

As notícias factuais da guerra, que chegam pelos grandes rádios de válvula e pelos jornais que os adultos acompanhavam, migram, assim, para o discurso ficcional, a partir do ponto de vista das crianças. Ao embaralhar fato e ficção, o narrador constrói, então, uma caricatura de Hitler. De cabelo e o bigode ridículos, um comedor de chucrute, no romance, ele aparece risível e frustrado com as investidas bélicas falidas em Londres, Rússia e África. Disso tudo, resulta a decisão de atacar o Bom Fim.

Esse espaço de fantasia criado pelo narrador dá o tom da imaginação infantil que permeia a narrativa:

> Quando a turma viu, os tanques vinham subindo a Rua Fernandes Vieira. Atrás avançavam as colunas de infantes, com lança-chamas. Carros blindados armados com metralhadoras pesadas fechavam a retaguarda. E sobre os telhados roncavam *Stukas* e *Messerschmitts*! O Joel organizou rapidamente a defesa. Com garrafas de *Charrua*, gasolina e trapos

[17] SCLIAR, 2004, p. 53.

> preparam "coquetéis Molotov" e atacaram os tanques no cruzamento da Fernandes Vieira com Henrique Dias. [...] Enfrentaram os alemães no terreno baldio ao lado da garagem, onde eles estavam entrincheirados. [...] Joel liquidou um nazi a socos, virou a metralhadora contra os outros e liquidou-os também. [...] Pedaços de nazis voavam para todo lado! Não sobrou um só. Centenas de cadáveres amontoavam-se no campinho.[18]

Com os fragmentos da guerra factual e a imaginação, as crianças não imitam o mundo dos adultos, mas o recriam a partir de resíduos da realidade entretecidos com os fios da ficção. As crianças constroem seu mundo de coisas, um microcosmos no macrocosmos, como queria Walter Benjamin em "Livros infantis antigos e esquecidos".[19] A criança lida com as imagens da guerra como se fossem retalhos e tijolos. Com esses restos, ela elabora, simbolicamente, o seu mundo, ligando os elementos num mesmo espaço de fantasia.

É ainda Benjamin, em "História universal do brinquedo", que afiança: "Nuremberg é a pátria dos soldadinhos de chumbo e dos garbosos animais da Arca de Noé; a casa de bonecas mais antiga de que temos conhecimento vem de Munique."[20]

---

18 SCLIAR, 2004, p. 53-55.

19 BENJAMIN, Walter. Livros infantis antigos e esquecidos. In: _____. *Magia e técnica, arte e política*: ensaios sobre literatura e história da cultura. Trad. Sérgio Paulo Rouanet. São Paulo: Editora Brasiliense, 1993. *Obras escolhidas*, v. 1. p. 235-238.

20 BENJAMIN, 1993, p. 244.

Essa curiosa relação entre a história do brinquedo, a miniatura e a Alemanha é analisada por Benjamin de forma singular. Com o avanço da Reforma, muitos artistas que costumavam trabalhar para a Igreja, reorientaram sua produção por conta da demanda por produtos artesanais, fabricando pequenos objetos de arte para decoração caseira, em vez de obras de grandes formatos. Assim se deu, portanto, "a excepcional difusão daquele mundo de coisas microscópicas, que alegrava as crianças nos armários de brinquedos e os adultos nas "salas de arte e maravilhas"."[21]

Considerando esse microcosmo dos brinquedos infantis como uma aproximação às brincadeiras de guerra no romance de Scliar, é possível afirmar, com Benjamin, que o mundo infantil não constitui uma comunidade separada, mas é parte do bairro, da cidade, do país a que pertence. Assim, a brincadeira infantil no Bom Fim não constitui uma vida segregada, mas um diálogo dessas crianças com a comunidade em que elas vivem.

Por isso, para impedir o avanço sobre o Capão da Canoa, de onde os nazistas pretendem invadir o Bom Fim, são convocados o Príncipe Submarino, o Homem de Borracha, o Sombra, Sansão e Josué, o Golem, bem como os boxeadores Daniel Mendoza, Samuel Elias, Issac Bittoon, Benny Leonard. Também Zorro, Vingador, os norte-americanos, os ingleses, os franceses, os russos, a FEB, os nativos de Capão e Deus...

---

[21] BENJAMIN, 1993, p. 245.

Elencados, todos esses personagens de lendas e *comics*, bem como os aliados, os vizinhos do Bom Fim constituem, com Deus, um exército invencível. Porém, para Benjamin:

> Não se trata apenas de assenhorear-se de experiências terríveis e primordiais pelo amortecimento gradual, pela invocação maliciosa, pela paródia; trata-se também de saborear repetidamente, do modo mais intenso, as mesmas vitórias e triunfos. O adulto alivia seu coração do medo e goza duplamente sua felicidade quando narra sua experiência. A criança recria essa experiência, começa sempre tudo de novo, desde o início.[22]

Sendo assim, quando os jogos de guerra travados no Bom Fim pelos meninos são recontados no romance de Scliar, o narrador busca deixar vislumbrar a construção do enredo pelo entrelaçar de vozes e, também, mostrar, pela ficção, o conflito no Brasil. Contra a Medusa, evitando a narrativa petrificante dos fatos, afinal estes são passíveis de serem lidos nos jornais ou ouvidos no rádio, o narrador reencena o episódio bélico em um microcosmo, uma caixa de brinquedos, um presépio.[23] Nesses espaços, a fantasia é quem comanda. Daí os personagens da imaginação virem guerrear ao lado da FEB, da comunidade do Bom Fim e até de Deus.

Os territórios regidos pelo saber infantil e recriados pelo narrado deixam entrever não só a guerra e os seus personagens, mas as

---

[22] BENJAMIN, 1993, p. 253.

[23] Cf. AGAMBEN, Giorgio. *Infância e história*: destruição da experiência e origem da história. Trad. Henrique Burigo. Belo Horizonte: Editora UFMG, 2005.

estratégias de construção da imaginação e do humor em tempos sombrios. Jacó Guinsburg, na introdução de sua tradução de *Teyve, o leiteiro*, adverte que "a risonha terapêutica de males às vezes incuráveis resulta, sem dúvida, de uma identificação com o espetáculo à sua volta que dosa a razão do entendimento com a empatia do sentimento."[24]

Longe de ser uma fuga da realidade, esse desvio, efetuado pela ficção com seu humor peculiar, possibilitado pelo jogo infantil, é uma arma contra a realidade petrificada, uma promessa de liberdade.

[24] GUINSBURG, Jacó. De como se tenta transformar Téyve em Tobias. In: ALEIKHEM, Scholem. *Téyve, o leiteiro*. Organização, tradução, introdução e notas de Jacó Guinsburg. São Paulo: Perspectiva, 2012. p. 31.

Ver: Shoah: o romance e a enciclopédia em David Grossman

> *[...] vi o Aleph, de todos os pontos, vi no Aleph a terra, e na terra outra vez o Aleph e no Aleph a terra, vi meu rosto e minhas vísceras, vi teu rosto e senti vertigem e chorei, porque meus olhos haviam visto esse objeto secreto e conjectural cujo nome usurpam os homens, mas que nenhum homem olhou: o inconcebível universo.*
>
> (Jorge Luis Borges)

A construção do romance e a sua aproximação à ideia de enciclopédia como uma técnica narrativa singular podem ser entrevistas em *Ver: amor*, de David Grossman.[1] A estratégia desse romance israelense apresenta, assim, um pendor para evidenciar a escrita contemporânea como um arquivo e o escritor como uma espécie de arquivista em sua tarefa de compor narrativas estruturadas sobre a condição da traduzibilidade precária e do saber residual oriundos da Shoah.

Nesse sentido, o romance de Grossman inscreve-se em uma tradição de textos na qual exibe-se uma noção de fragmento, vestígio ou rastro. Entre a sedução e o dever da memória, essas traduções precárias de um horror que não é somente o das vítimas silenciadas, mas de todos aqueles que sobreviveram à catástrofe, constituem-se como uma enciclopédia que, em muitos casos, também exibem uma condição arquivística.

[1] GROSSMAN, David. *Ver: amor*. Trad. Nancy Rozenchan. Rio de Janeiro: Nova Fronteira, 1993.

Claude Lanzmann, com o filme *Shoah*, de 1985, e Steven Spielberg, com *A lista de Schindler*, de 1993, podem exemplificar esses homens-arquivo, ou enciclopedistas, da Shoah no cinema. Ambos, apesar da especificidade de suas obras, deslocam o sentido tradicional de enciclopédia.

No filme de Lanzmann, em nove horas e meia de depoimentos pessoais sobre Auschwitz, Sobibor, Treblinka e o gueto de Varsóvia, os personagens, homens que viveram o extermínio, de 1942 a 1945, são os protagonistas. Não são atores que representam um papel a eles confiado, mas testemunhas que foram chamadas a depor. O diretor optou, também, por não usar qualquer imagem que não seja a contemporânea, isto é, o filme não pretende simular o passado, nem o reconstruir imageticamente a partir de cenas capturadas em um arquivo.

As construções, os trens, as pessoas no filmes são de uma realidade assustadora. Quando não se exibe nenhum documento de época e se apela ao sobrevivente para depor, o passado parece vir sem mediação. O menino judeu de treze anos que era obrigado pelos alemães a cantar é um velho que canta de frente ao rio que não deixou de correr. Nesse sentido, Lanzmann sugere outro tipo de atuação. No prefácio ao roteiro, declara: "Incrédulo, leio e releio esse texto exangue e nu. Uma força estranha o atravessa de um lado ao outro, ele resiste, vive de vida própria. É a escritura do desastre e é para mim um outro mistério."[2] Na leitura e na releitura, o texto se apresenta como um corpo exposto em sua

---

[2] LANZMANN, Claude. *Shoah*: vozes e faces do holocausto. Trad. Maria Lúcia Machado. São Paulo: Brasiliense, 1987. p. 14-15.

nudez ao deixar-se atravessar pela elaboração artística. No entanto, para o diretor, há uma resistência, que advém do desastre, do mistério que cerca a linguagem no limite dos terrores que ali são narrados e impedem a performance e a representação.

A lista de Schindler, de 1993, de Steven Spielberg, exibe, por outra estratégia, a "lista" ou o "rol" de vidas escolhidas para sobreviver. No filme, Oskar Schindler é caracterizado como um empresário ganancioso e sem escrúpulos que enriquece se aproveitando da guerra e do fato de que podia usar judeus como mão-de-obra barata. A princípio, ele mantém-se afastado dos horrores que acontecem à sua volta, mas vai, gradativamente, sensibilizando-se até o ponto de sentir-se obrigado a agir em favor dos prisioneiros. O impacto do registro quase documental da monstruosidade praticada em nome de uma suposta ''raça superior'' e de uma ideologia grotesca, que ainda hoje, infelizmente, encontra seguidores, contrapõe-se, no filme, à lista dos que sobreviveriam. Ao tentar salvar o maior número de judeus que estavam a seu serviço, Schindler exemplifica a máxima judaica que acompanhou a campanha de divulgação do filme: ''Aquele que salva uma pessoa, salva o mundo inteiro''.

Além desse empreendimento, com a *Shoah Foundation*, Spielberg visa criar o maior arquivo multimídia do mundo com 40 mil testemunhos e depoimentos de sobreviventes da Shoah. Como e onde manter e acessar esse arquivo monumental? Segundo seu idealizador, a ideia surgiu quando várias pessoas vinham pedir para que ele filmasse suas histórias pessoais. Eu me perguntei, disse Spielberg, se daria para juntar 5 mil pessoas, colocá-las diante de uma câmera e deixá-las contar suas experiências. A ideia, assim, em princípio, era arquivar tudo pensando em usar esses depoimentos com um sentido pedagógico e também mostrá-los aos contestadores e aos críticos da Shoah. Cerca de 47 mil pessoas já deram o seu depoimento. Spielberg espera alcançar 60 mil.[3]

Segundo o artigo "As guerras de Spielberg", o material do arquivo é tão grande que uma pessoa precisaria passar 11 anos, 24 horas por dia, assistindo-o para conseguir ver as gravações. Todos esses testemunhos contam, porém, uma só história. Todas são muito importantes, pois estão inseridas no mesmo acontecimento, afirma Spielberg. Muitas das histórias coletadas são melhores do que muitos filmes que vimos nos últimos 25 anos, ele acrescenta, e os relatos dos enforcamentos, nas grades de arame de Birkenau, resistirão ao tempo e nenhum contestador conseguirá desfazê-los.[4]

Os museus são um capítulo à parte na história da Shoah. O Museu do Holocausto, Yad Vashem, é, segundo Abba Eban, um monumento à dor de uma nação.[5] Ele dá testemunho da violência sem paralelo que afligiu o povo judeu nas mãos da Alemanha nazista e que deixou um legado de morte e sofrimento.

---

[3] *A Survivors of the Shoah Visual History Foundation* lançou em 1996, nos Estados Unidos, a sua primeira produção, o documentário *Survivors of the Holocaust*, de Allan Holzan.

[4] Cf. SPILBERG, Steven. Entrevista. Disponível em: <http://epoca.globo.com/edic/19980727/cult1.html>. Acesso em: 28 nov. 2008.

[5] Cf. EBAN, Abba. Depoimento. Disponível em: <http://www.yadvashem.org/>. Acesso em: 26 ago. 2018.

O romance *Ver: amor* fornece uma metáfora intrigante quanto a esse museu e ao seu desejo de manter viva a memória:

> Um tributo de todos os livros que tratam do Holocausto, todos os quadros e palavras e filmes e fatos e números que estão reunidos lá no Yad Vashem, um gesto para com tudo o que permanecerá para sempre incompreendido e não decifrado.[6]

O Yad Vashem exibe não só uma enciclopédia da Shoah, na medida em que organiza um acervo de documentos e fotografias, mas também obras de artistas que reencenam o episódio histórico. Assim, ele forja (no sentido de traduzir) documentos artísticos para que sejam um salvo-conduto ou um passaporte para o visitante. Esses documentos estariam, por essa estratégia, no mesmo estatuto do que os que foram preservados do passado.

Na ficção de Grossman, a Shoah é metaforizada pelo espaço asséptico e imaginário de um quarto branco. Para o narrador, essa imagem encerra a impossibilidade de a linguagem traduzir a catástrofe:

> Há quarenta anos escritores escrevem sobre o Holocausto, e sempre continuarão a escrever a esse respeito, e, num certo sentido, todos estão de antemão fadados ao fracasso, porque é possível traduzir qualquer outra ferida ou desastre para a linguagem da realidade conhecida, e apenas o Holocausto não é passível de tradução, mas sempre restará esta necessi-

---

6 GROSSMAN, 1993, p. 130.

> dade de tentar de novo, experimentar, afiar os ferrões aguçados na carne viva de quem escreve, "e se você quer ser correto consigo mesmo", disse com ar grave, "você é obrigado a ousar experimentar o quarto branco".[7]

O quarto branco, que estaria situado num dos corredores subterrâneos do Yad Vashem, é um espaço que não foi, materialmente, planejado pelos arquitetos nem construído pelos operários. Os funcionários do museu tampouco ouviram falar dele. Na ficção, ele se apresenta como uma espécie de metáfora da irrepresentabilidade da Shoah. Se o visitante se perde nas galerias subterrâneas do museu, encontrará esse quarto vazio e branco. Ali está concentrado o que aqueles dias significaram. Não há nada no quarto, mas tudo o que existe, tudo o que entulha o Yad Vashem é irradiado para dentro dele; tudo o que se concebeu de maldade e de resistência está ali, tudo num ponto *aleph*. Está ali inscrito todo o medo, todo o inventário material e humano, todo o sobre-humano, como num gigantesco caleidoscópio e um catálogo infinito. Para o narrador, ali não há respostas, somente perguntas, questionamentos. Nada é dito ali. Tudo é apenas possível, sugerido e passível de se concretizar.

Imaginado por Grossman para tratar da irrepresentabilidade da Shoah, ou de suas múltiplas e possíveis representações, o quarto branco tem, na *Torre das faces*, no Museu do Holocausto de Washington, seu duplo mais perfeito. Antes desse trabalho, ao se adentrar na sala onde estão acumulados os sapatos dos prisioneiros, o sen-

---

[7] GROSSMAN, 1993, p. 132.

tido da coleção, do acúmulo de restos, alia-se ao de saturação, de tautologia da imagem, dos sentidos, dos significantes.

Centenas de calçados se avolumam num amontoado que exala o cheiro do couro, do mofo, do tempo. Todos esses despojos compõem um acervo de centenas de narrativas e de histórias pessoais que resistem nesses restos de lembrança. Os objetos pessoais, íntimos, em sua maioria banais e anônimos, trazem o caráter de monumento, de relíquia fúnebre. A memória, no entanto, está viva. Os sapatos dos trabalhadores, os sapatos femininos, os sapatos das crianças são um acervo anônimo que reenvia o espectador para, além dos cinco sentidos, ao tempo da catástrofe. Tal qual os sapatos, estão ali acumulados bengalas, roupas, retratos, livros, valises, carrinhos de bebê... A esse espólio juntam-se os cabelos, as unhas, os dentes... Os corpos aviltados resistem metonimicamente nesse nefasto acervo.

Uma casa partida é reencenada, os objetos do cotidiano guardam a memória de uma família que representa todas as famílias cujas casas foram bombardeadas e destruídas. A casa é descontextualizada e reinventada no espaço do museu. Desse modo, ela é arquivada e, ao mesmo tempo, reencenada para ser continuamente atravessada pelos visitantes.

Em um outro espaço, o espectador se depara com o pátio dos tatuados. Um grande e espetacular quadro exibe fotografias de braços que receberam as tatuagens dos campos, um dos recursos nazistas para apagar a memória judaica, substituindo o nome do prisioneiro por um número. Em vez desse silêncio, cada braço tatuado pode hoje ser visto como a lombada de um livro e cada um dos judeus, sobrevivente ou não, que teve sua história traduzida em narrativa escrita ou plástica, compõe uma biblioteca e um arquivo.

Contra essa tentativa de apagamento da memória, artistas gravaram, em elegantes letras brancas, os vidros das janelas que separam o Museu do Holocausto, de Washington, do mundo lá fora. Schama, Mordchai, Heinrich, Ruszka, Golda, Aron, Zlatice, Wladmir... Os nomes judaicos se multiplicam e representam pessoas e comunidades que desapareceram. O que interessa é listar, nomear e catalogar os nomes de forma que as inscrições nas paredes de vidro deem uma transparência e uma leveza ao arrolamento que ali está registrado.[8]

A Torre das Faces (*The Tower of Faces*) exibe imagens de pessoas da *Yaffa Eliach Shtetl Collection*.[9] Tiradas entre 1890 e 1941, numa pequena cidade da Lituânia. Essas fotografias remontam a uma comunidade judaica que existiu e prosperou por 900 anos e que, em 1941, foi atacada por tanques nazistas que entraram na vila e em dois dias massacraram sua população. A torre ostenta as fotografias que emblematizam vidas, narrativas, fragmentos de uma comunidade que, ao perder seus habitantes, perdeu sua imaginada unidade. Essa unidade é parcialmente recuperada na medida em que preenche quase que obsessivamente as paredes de dois andares em um dos ambientes do museu, como a rodear as paredes de um poço. Iluminada por uma claraboia, a torre

---

[8] Cf. WEINBERG, Jeshajahu. *The Holocaust Museum in Washington*. Washington, 1995. p. 27.

[9] Cf. WEINBERG, 1995, p. 104-105.

sustenta uma ponte que atravessa o vão. Jorge Luis Borges, um dos arquitetos da torre ficcional de Babel, afirma que "o poço é uma torre invertida".[10] O espectador que empreende a travessia, então, se vê rodeado desses rostos que contemplam o vazio temporariamente preenchido pelo seu corpo e pelo seu olhar. Essa torre, como a de Babel, construída com imagens de judeus lituanos, exibe, nos Estados Unidos, a tentativa de tradução de uma memória que poderia ter sido completamente aniquilada. Na torre, entretanto, ela se ergue como um monumento aos mortos, uma lembrança aos vivos que vêm de todas as partes do planeta para atravessá-la. O poço, o aniquilamento, exibe, pois, sua ambiguidade como torre e elevação.

O termo "enciclopédia" significa, em sua origem, um sistema ou círculo completo de educação que deveria incluir todos os ramos do saber. Ele aparece no século XVI, com a publicação, em 1559, da *Enciclopédia ou conhecimento do mundo das disciplinas, tanto sagradas quanto profanas*, de Paul Scalich.[11] As enciclopédias eram, assim, obras que reuniam informações necessárias a uma instrução abrangente, apresentando de forma sistemática, o conteúdo e a relação entre as várias artes e ciências. Segundo Bernadete Campello, os autores mais antigos utilizavam, muitas vezes, nos títulos dessas obras, a palavra "dicionário", criando uma falsa similaridade

---

[10] BORGES, Jorge Luis. A promissão em alto mar. Trad. Josely Vianna Baptista. In: ______. *Obras completas de Jorge Luis Borges, volume 1*. Vários tradutores. São Paulo: Globo, 1998. p. 67.

[11] Cf. CAMPELLO, Bernadete Santos. Enciclopédias. In: CAMPELLO, B. S.; CALDEIRA, P.; MACEDO, V. A. A. *Formas e expressões do conhecimento*: introdução às fontes de informação. Belo Horizonte: Escola de Biblioteconomia da UFMG, 1998. p. 175.

entre os dois registros. No início, eram antologias que buscavam reunir o maior número de assuntos, organizados em ordem sistemática que sempre variava, porque não havia consenso quanto à melhor forma de ordenar o conhecimento. Atualmente, a concepção estético-formal de uma enciclopédia, apesar de suas inúmeras versões virtuais, consolidou-se como uma obra em vários volumes, abrangendo todos os assuntos, com verbetes organizados em ordem alfabética, incluindo ilustrações, mapas, gráficos.[12]

Parte desse modo de conceber a complexidade do mundo migrou para romances contemporâneos de forma a contrapor-se à noção tradicional de enciclopédia tais como *O nome da rosa*, de Umberto Eco, e *O dicionário Khazar*, de Mirolad Pavic.

Ver: amor inscreve-se, portanto, nessa tradição. Na primeira parte, intitulada, "Momik" narra-se a história de um menino de nove anos, filho de judeus sobreviventes da Shoah, que, na década de 1950, em Israel, vê chegar, do nebuloso mundo da Shoah, um sobrevivente, seu avô, Anshel Vasserman, famoso escritor de contos infantis. À sua maneira, Momik interpreta os silêncios e os fragmentos de conversas dos adultos sobre o que viveram na "terra de lá", a Europa dominada por Hitler.

Na segunda parte, "Bruno", Momik, já adulto, recria, literariamente, a história de Bruno Schulz (1892-1942), escritor e pintor polonês morto por um soldado nazista no gueto de Drohobycz. Nessa biografia ficcional, Schulz foge para Dantzig e se atira no

[12] Cf. CAMPELLO, 1998, p. 176.

mar do Norte, em cujas profundezas vive uma aventura fantástica e surrealista, transformando-se espetacularmente em um salmão.

A terceira parte, "Vasserman", narra a história do escritor Anshel Vasserman, o avô de Momik, e sua relação com um comandante de um campo. Em 1943, prisioneiro, Vasserman se configura como uma Sherazade às avessas, contando histórias para o comandante sob a promessa de que será fuzilado ao fim.

Na quarta parte, "A enciclopédia completa da vida de Kazik", por intermédio de termos e personagens que permeiam o livro, uma outra estratégia literária é utilizada. A narrativa, em forma de verbetes, entrecruza elementos da história factual da Shoah com personagens ficcionais. Como uma caixa dentro da caixa, os personagens dos contos de Vasserman vêm dialogar com os de Grossman, criando, assim, um espelhamento, um jogo de vozes, como já afirmava Waldman. De acordo com a ensaísta, conta-se, nesse trecho, a história de Kazik por intermédio de uma série de entradas como as de uma enciclopédia (de onde vem o título *Ver: Amor*). Não é arbitrário, em Grossman, o recurso ao modelo enciclopédico. Ao contrário, ele sinaliza uma forma que, em princípio, conteria todo o saber, mas que, no romance, não alcança seu objeto de conhecimento: a Shoah.[13]

[13] Cf. WALDMAN, Berta. A memória vicária em *Ver: amor*, de David Grossman. *WebMosaica*: Revista do Instituto Cultural Judaico Marc Chagall, v. 1, n. 2, p. 73-81, jul.-dez. 2009. p. 79. Disponível em: < http: / / www.seer.ufrgs.br / webmosaica / article / view / 11984 / 7125>. Acesso em: 25 ago. 2018.

Portador de uma doença congênita, progeria acelerada, Kazik completa o equivalente ao ciclo de vida de um ser humano em apenas 24 horas. Dessa forma, para Waldman, a aparição da criança no enredo, numa circunstância muito pouco favorável, introduz o princípio da destruição no próprio corpo do personagem. Tal qual esse menino-monstro, Momik também é um prodígio. Sua memória, desde as primeiras páginas do romance, é descrita como notável. Além disso, está sempre às voltas com álbuns de selos, enciclopédias, narrativas policiais e a Bíblia. Seus estudos fazem dele um *alter kop*, ou seja, um sábio como seriam os velhos estudiosos judeus. Copista das histórias do avô, Momik torna-se, mais tarde, ele próprio, um escritor.

Com uma espécie de prefácio, o narrador adverte, nessa parte, que essa seria a "primeira experiência do gênero no preparo de uma enciclopédia que abranja a maioria dos fatos importantes na vida de um só homem"; que a "classificação dos diversos verbetes por ordem alfabética da língua hebraica, transforma as personagens num material de trabalho cômodo"; que o "leitor pode ler os verbetes da enciclopédia na ordem que lhe convier e até saltar para frente ou para trás, como quiser", [14] mas o narrador agradece ao leitor disciplinado que seguir o caminho seguro da ordem conhecida do alfabeto hebraico.

Um livro escrito dessa forma, entre o salto e o caminho seguro da ordem enciclopédica, afirma Waldman:

[14] GROSSMAN, 1993, p. 321.

> talvez auxilie o leitor a perceber o contorno episódico da obra, mas ele terá de olhar por trás dos episódios, para um plano mais abstrato, para enxergar os temas vastos como a morte e o amor, a arte e a barbárie, a raiz da existência, os sentidos e os não-sentidos da vida que servem de solo ao romance.[15]

A estratégia de construção do texto em verbetes põe em jogo, assim, uma enciclopédia intertextual, como queria Umberto Eco.[16] Livros que citam outros livros ou textos que conversam entre si estimulam leituras múltiplas, mas em vez da organização cíclica e linear, acentua-se o choque, a interrupção, a frustração do contínuo, da novidade, configurando-se, dessa forma, o romance enciclopédico como uma solução estética radical.

Para Eco, a narrativa enciclopédica, assim, teria na prosa o seu contraponto. A prosa, ou *prorsus*, seria aquilo que vai em linha reta e direta, e se aproximaria de *versus*, sulco, fiada, aquilo que anda um pouco e depois para e, ou volta, anagramaticamente, ou recomeça de onde tinha partido. Mudar de linha, ou de verbete, sugere um suspiro, impõe uma pausa.[17] Portanto, *Ver: Amor*, ao encenar o trauma da Shoah, simula uma enciclopédia, mas apresenta, na fragmentação do discurso por meio dos verbetes, um curto-circuito na narrativa. No afã de tudo dizer e de tudo

---

15 WALDMAN, 2009, p. 80.

16 Cf. ECO, Umberto. Ironia intertextual e níveis de leitura. In: ______. *Ensaio sobre a literatura*. Trad. Eliana Aguiar. Rio de Janeiro / São Paulo: Record, 2003. p. 199-218.

17 Cf. ECO, Umberto. O signo da prosa e o signo da poesia. In: _____. *Sobre os espelhos e outro ensaios*. Trad. Beatriz Borges. Rio de Janeiro: Nova Fronteira, 1989. p. 233.

circunscrever pela escrita e na consciência da fratura na linguagem, o romance de Grossman deixa vislumbrar uma aproximação à Shoah que só possível entre a exatidão e a multiplicidade.

Talvez Grossman esteja dizendo ao leitor que o escritor torna-se, quando se trata da memória, um pequeno Momik, um razoável copista ou, ainda, um quase *alter kop* em meio a um mundo que não faz mais sentido. Por isso, a aproximação entre romance e enciclopédia, ou entre prosa e poesia, pós-Auschwitz, em suas formas mais contemporâneas, parece por em xeque a sentença adorniana, apontando para uma possibilidade de leveza, a da imagem do escritor que, como queria Italo Calvino, sobreleva o peso do mundo.

Crime no gueto: *Os anagramas de Varsóvia*, de Richard Zimler

> *"Em um enigma cujo tema é o xadrez, qual é a única palavra proibida?" Refleti por um momento e respondi: "A palavra xadrez".*
>
> (Jorge Luis Borges)

No romance *Os anagramas de Varsóvia*, de Richard Zimler,[1] uma série de assassinatos brutais de crianças, durante a segregação dos judeus em guetos na Segunda Guerra Mundial, coloca o leitor em um mundo sem afeto e sem compaixão, sobre o qual nos falava Jorge Luis Borges,[2] e em uma realidade transformada em pedra, tal qual na proposta dedicada à leveza formulada por Italo Calvino.[3] Ao desdobrar os crimes contra os judeus no gueto em crimes contra as crianças, Zimler potencializa o mal, que se propaga de forma nefasta e arbitrária. Dentro ou fora do gueto, embora imerso nesse mundo miniaturizado pelo mal, Erik Cohen narra o que vê e o que sofre, sem, contudo, compactuar com esse mal.

A história narrada, de cunho policial, inclusive com seus elementos tradicionais como o crime, o trabalho investigativo e a nar-

---

1 ZIMLER, Richard. *Os anagramas de Varsóvia*. Trad. Daniela Carvalhal Garcia. São Paulo/Rio de Janeiro: Record, 2010.

2 Cf. BORGES, Jorge Luis. *Deutsches Requiem*. In: ______. *Obras completas de Jorge Luis Borges, volume 1*. Trad. Flávio José Cardozo. São Paulo: Globo, 1998. p. 641-646.

3 Cf. CALVINO, Italo. *Seis propostas para o próximo milênio*. Trad. Ivo Barroso. São Paulo: Companhia das Letras, 1991.

ração dessas duas narrativas, como quer Tzvetan Todorov,[4] é permeada pela contingência da segregação, o que põe o leitor diante de uma narrativa labiríntica, em abismo. Diante do mal, representado pelo nazismo, sua crueldade estampada na tortura, no assassinato sumário e na violação de todos os direitos do indivíduo, os crimes contra crianças dentro do gueto reafirmam a quase onipotência do mal e sua materialidade.

Zimler elabora a narrativa trazendo, para o texto ficcional, o gueto como uma ratoeira, uma caixa de torturas, um labirinto de crueldades, que acaba por ser cenário do sofrimento humano ali perpetrado. Longe de confortar o leitor, ao recriar esse espaço de confinamento e, dentro desse espaço, a emergência do mal em vários níveis, o escritor reafirma seu compromisso com vozes que foram silenciadas. Em contraponto ao projeto nazista de apagar as marcas de sua atuação, o narrador afirma: "Depois que os alemães perderem, vão querer que esqueçamos tudo o que aconteceu. Um pessoa, lembre-se apenas de uma!, será o suficiente para estragar seus planos."[5]

Essa mesma estratégia de dar voz aos silenciados está presente no romance *O último cabalista de Lisboa*.[6] Na trama, ao reformar uma velha casa em Istambul, em 1990, um estudioso da literatura sefardita descobre um manuscrito que narra com precisão

---

[4] Cf. TODOROV, Tzvetan. Tipologia do romance policial. In: _____. *Poética da prosa*. Trad. Cláudia Berliner. São Paulo: Martins Fontes, 2003. p. 63-77.

[5] ZIMLER, 2010, p. 359.

[6] ZIMLER, Richard. *O último cabalista de Lisbo*a. Trad. José Lima. São Paulo: Companhia das Letras, 1997.

assombrosos acontecimentos do abril de 1506, em Lisboa. Durante as celebrações da páscoa, cerca de 2 mil cristãos-novos foram mortos num *pogrom* e os seus corpos queimados no Rossio. A Igreja incitava o povo à matança, acusando os judeus de serem culpados da fome e da peste que assolavam a cidade. O pano de fundo histórico, os eventos verídicos ali trançados com a ficção, constitui um libelo contra a amnésia histórica e, recriado, denuncia os crimes cometidos.

Em *Os anagramas de Varsóvia*, o contexto histórico é o isolamento dos judeus no gueto de Varsóvia pelos nazistas (Polônia, 1940). Numa atmosfera sombria, o narrador, Erik Cohen, revela minuciosamente a Heiniek Corben, que esse espaço opressor pode ser ainda mais terrível quando o inimigo parece estar dentro dele.

Logo no início, ele conscientiza o leitor do espaço de horror em que se está entrando:

> Na minha inquietação, quase tropecei num velho que morrera de frio à porta de uma pequena mercearia. Vestia apenas uma camisa toda suja e tinha os joelhos nus e terrivelmente inchados encolhidos contra o peito, numa tentativa de se proteger. Os lábios cobertos de crostas de sangue estavam de um cinzento azulado, mas tinha os olhos avermelhados, o que me deu a impressão de que o último dos seus sentidos a deixar este mundo fora a visão.[7]

[7] ZIMLER, 2010, p. 11.

Na descrição do olhar do narrador sobre o velho morto, há uma preocupação em dizer que este sucumbira ao frio diante de uma mercearia, provavelmente para onde se dirigira, inutilmente, em busca de comida e calor. A interpretação do encolhimento do velho, "numa tentativa de se proteger", também revela a empatia desse narrador que é, finalmente, na última frase, reafirmada: "o que me deu a impressão de que o último dos seus sentidos a deixar este mundo fora a visão". Nesse momento, o olhar do narrador que olha para o velho morto, encontra sua correspondência e, ao mesmo tempo, faz migrar a visão do velho para a sua narrativa. O último dos sentidos, a visão da vítima, vem habitar, portanto, o olhar do narrador que a transfere para o leitor.

Representado pelos nazistas, o mal não tem fim, por isso, esse jogo entre olhos e olhares é desdobrado, repetido ao infinito, dentro do gueto, nos corpos das crianças encontradas assassinadas e mutiladas. Cohen e seu melhor amigo, Izzy, então, como as exemplares duplas Sherlock Holmes e John Watson, das narrativas policiais de Arthur Conan Doyle, põem-se a investigar esses crimes.

Segundo o narrador, no mínimo dos mínimos, devemos aos nossos mortos o estatuto de pessoa única. Essa reivindicação, no entanto, extrapola a ficção. Para Zimler, os números são importantes, o inventário e a precisa contagem dos mortos pelo nazismo fazem parte do registro inquestionável do que poderíamos chamar de arquivo do mal. A ficção, no entanto, ao escolher, entre esses números, o humano que nele está inscrito, ao fazer a vida retornar a esses corpos mutilados e violados, concedendo-lhes, de novo, voz e vida, pode, mesmo que fragmentariamente, suplementar esse arquivo e, talvez, reverter a frieza das listas, do banco de dados, das tabelas, diagramas e gráficos. Desentranhado, dessas provas do delito, o crime do passado reencenado na ficção é um corpo redivivo na contemporaneidade.

Por isso, os corpos são identificados e o leitor acompanha *pari passu* seu infortúnio e autópsia. A história pessoal e íntima das vítimas é, de alguma forma, recuperada, em suas franjas como um tecido que se esgarçou, não com uma ostensiva representação de suas mazelas. Nesse sentido, o olhar do narrador não busca o obsceno, na perspectiva barthesiana, mesmo quando está cara a cara com a morte:

> Um único trauma pode deixar-nos tolhidos para sempre, e quando vi Adam deitado na parte de trás da carreta, soube que minha vida terminara ali. Um cobertor áspero cobria-lhe o corpo, mas via-se seu rosto de fora. Estava virado para o lado, como se tivesse ouvido alguém chamá-lo do lado esquerdo logo antes de morrer. Tinha os olhos fechados e o cabelo desgrenhado, a pela pastosa e amarelada. [...]. Ia pegá-lo para levá-lo escada acima, mas quando afastei o cobertor que o cobria, escapou-me um grito abafado; estava nu, e sua perna direita fora amputada logo abaixo do joelho.[8]

Ao narrar a morte do sobrinho, Erik afirma estar, dali em diante, marcado pelo trauma e que sua vida terminara ali. Longe de obter proveito da cena violenta, que poderia ser expandida até

[8] ZIMLER, 2010, p. 53-54.

alcançar sua forma mais despudorada ou obscena, um cobertor evita a visão direta, tanto do corpo morto, como de sua nudez e de sua mutilação. Como se verá no decorrer da narrativa e do descobrimento das outras vítimas, as crianças eram assassinadas porque tinham sinais de nascença e atendiam, assim, a um perverso interesse de um colecionador. Elas eram mortas para que um mórbido arquivo, ou coleção, fosse, desse modo, composto. Partes humanas e fotografias compunham esse acervo do mal.

Por longo tempo, afirma Susan Sontag, algumas pessoas acreditaram que, se o horror pudesse ser apresentado de forma bastante nítida, a maioria das pessoas (os espectadores ou leitores) finalmente aprenderia toda a indignidade e a insanidade da guerra, ou da violência.[9]

Há, no entanto, um tênue limite entre a representação da violência, sua descrição, sobretudo do mal que se abate sobre os corpos, e a sua ostentação. A manipulação de imagens e de palavras define o olhar do narrador, do fotógrafo e do leitor/espectador. Esse limite deve estar circunscrito a uma contingência: a violência transforma em coisa toda pessoa sujeita a ela, por isso, a dura realidade tornada em pedra é circunscrita por um olhar empático e que provoca empatia.

A descrição da violência, a descrição de uma cena em que a violência deixe sua marca indelével, não acontece na sua exibição total, no terror ou na perturbação que provoca, mas quando faz o

[9] Cf. SONTAG, Susan. *Diante da dor dos outros*. Trad. Rubens Figueiredo. São Paulo: Companhia das Letras, 2003. p. 17.

leitor pensar, se identificar. Para Roland Barthes, em *A câmara clara*,[10] a cena deve falar, induzir vagamente, a pensar. Vagamente ou levemente, como queria Calvino. Por isso, a cena da violência é deslocada, não para o corpo violentado de Adam, mas para o cobertor áspero, que lhe cobre. A presença desse cobertor põe aquele que lê diante de um infrassaber. Ela permite que objetos parciais, detalhes e sombras falem da ausência. Essa ausência, esse espaço vazio no texto, na vida, traduz a violência sem exibi-la, sem fazer dela pasto para abutres.

Não é possível aproximar-se de uma história de sofrimento sem perdas, sem simulacros ou simulações. A ética impede de expor, "usar as partes dos corpos para fazer alguma coisa que não seja humana". Sendo assim, "a morte de uma criança é um acontecimento isolado no tempo, mas a recordação dela estende-se para abranger uma vida inteira".[11] Portanto, a morte de uma criança está resguardada de um possível olhar lascivo. A narrativa de Zimler não é uma reprodução da crueldade e nem visa alimentar o crime daquele que olha. O jogo literário se faz, assim, como um tabuleiro de xadrez. Com casas brancas e negras. Espaços plenos e vazios, como um tabuleiro que deixasse falar suas peças narrativas.

No romance, o escritor afirma que todos os templos são metáforas do corpo humano, logo, é o corpo que dá origem a um conceito de sagrado, ou seja, daquilo que deve ser venerado. O crime e o assassinato são, pois, na narrativa, uma forma de desarranjar

---

[10] BARTHES, Roland. *A câmara clara*. Trad. Júlio Castañon Guimarães. Rio de Janeiro: Nova Fronteira, 1984. p. 51.

[11] ZIMLER, 2010, p. 57.

o mundo, retirar dele tudo o que haveria de sagrado. A ficção de Zimler é, nesse sentido, humanística, no desafio de se aproximar do limite da expressão. "Imaginem", solicita o narrador, "tinta preta escorrendo para dentro de cada recordação. Tudo que sobreviver só pode ser cinzento." Essa nota metalinguística aponta para o jogo de xadrez entre narrador e leitor, não sem marcar esse lugar em que o "cinzento" é essa zona em que se dá o encontro da escrita com a memória do mal.

Uma imagem de leveza pode ser entrevista, ainda, a partir de um narrador que narra o crime e sua investigação depois de morto. Tal qual as *Memórias póstumas de Brás Cubas*, de Machado de Assis, tem-se a inusitada e reveladora descrição que Erich Cohen faz de si mesmo:

> [...] fomos ouvir Noel Anbaum cantar à porta do teatro Nowy Azazel. Seu acordeão fez dançar diante dos meus olhos um enxame de borboletas rubras e douradas – uma sensação estranha e magnífica, mas a que tenho me acostumado ultimamente; meus sentidos agora fluem muitas vezes juntos, como as tintas de um vitral a transbordar dos seus contornos. Será que, no fim, acabarão por se fundir completamente? Cairei dentro de uma paisagem excessivamente rica em sons, visões e toques, e sentir-me-ei incapaz de fazer às cegas o caminho de regresso a mim próprio? Talvez seja dessa maneira que a morte vai finalmente se apoderar de mim.[12]

[12] ZIMLER, 2010, p. 18.

Erik Cohen fora enforcado pelos nazistas e retornara ao gueto em forma de um *ibbur*, uma alma justa que precisa completar uma tarefa importante, cumprir uma promessa ou realizar uma *mitzvah* (mandamento religioso). Essa tarefa é narrar sua história para que Heniek Corben, o único a percebê-lo, a escreva e essa escrita seja testemunho dos crimes perpetrados, sua investigação e resolução. Ao fazer com que seu narrador seja a figura impalpável de um *ibbur*, Zimler delineia, para seu leitor, uma tarefa e um desafio. Se após a morte, por meio da ficção, um testemunho pode ser convocado, na vida, muito mais, poderá essa memória ser transmitida e resguardada.

Humor e Shoah: *O trem da vida*, de Radu Mihaileanu

Um vilarejo da Ucrânia, na Europa Oriental, no ano de 1941, é o cenário do filme *O trem da vida*, do diretor romeno Radu Mihaileanu.[1] O roteiro, ao se afastar de dados puramente históricos e de uma configuração realista da Shoah, configura-se quase como uma fábula. Os moradores da aldeiazinha judaica recebem, alarmados, o alerta de que os nazistas estariam chegando para deportar e matar todos os judeus. Quem traz a notícia é Schlomo, o louco da aldeia. Fazer falar, pela boca de um louco, não só a notícia dessa invasão, mas também uma possível solução para ela, no que tange a uma narrativa da ou sobre a Shoah, é um desafio. O espectador está, pois, diante de um estranhamento. Afinal, o louco da aldeia, a despeito de todos os sábios religiosos, foi o único capaz de perceber a ameaça e de sugerir uma saída.

Apesar de se inscrever na tradição de narrativas e filmes sobre a Shoah, como *O pianista*, de Roman Polanski; *A lista de Schindler*, de Steven Spielberg ou *A vida é bela*, de Roberto Benini (que

[1] O TREM da vida. Direção: Radu Mihaileanu. França: Noé Productions, Raphaël Films, 7ï A, Hungry Eye Lowland Pictures, Le Studio Canal +, RTL-TVI, 1998. 103 min.

sofreu, inclusive, processo de Mihaileanu por plágio), *O trem da vida* parece ir além de uma estética realista ou de um humor de riso fácil. Seu diretor não usa o humor para criar um contraponto evidente entre o ambiente de medo e de catástrofe criado pelos nazistas e aquele fantasioso inventado pelo pai para poupar seu filho do sofrimento.

Em *O trem da vida*, a sutileza reside, não no uso arbitrário, ou quase ingênuo, dos contrastes, mas nas aproximações impensáveis, nas ambiguidades e na reversibilidade dos papéis, evidenciando como o poder pode corromper e as máscaras podem se fixar no rosto de quem as usa. Não na ilusão, portanto, mas na capacidade do homem de se sobrepujar.

Os arquivos da Shoah são compostos por depoimentos, diários, memórias, fotografias. Esses documentos de dor e de morte, que são marcados pelo trauma, são reencenados pela literatura. Alguns desses textos exibem desde o enunciado sua fragmentação e recorte. Como fraturas expostas, os textos ficcionais sobre a Shoah, para além de um discurso documental, apresentam, na contemporaneidade, uma dicção própria perigosamente próxima de uma desconstrução da memória ao utilizar o humor e a ironia.

Não é fácil fazer humor muito menos sobre a catástrofe. Longe de ser risível, essa estratégia narrativa de Mihaileanu é reflexiva, muitas vezes, ao sobrelevar o peso do mundo, ele expõe, irremediavelmente, suas feridas. O humor nasce, portanto, em sua obra, do trauma, e evidencia-se, no riso nervoso, na histeria, na afasia e, também, na luta pela sobrevivência por meio da loucura e da simulação. Para o louco de *O trem da vida*, que é, antes de tudo, um lúcido, os judeus deveriam forjar um trem, fazendo eles mesmos a vez dos alemães, dos maquinistas e dos deportados que deveriam partir da Ucrânia para a Palestina. Essa construção impossível de um trem sobre um percurso imaginário será aprovada pelo conselho dos sábios e a empreitada é iniciada.

Antes da chegada dos verdadeiros nazistas, o trem parte, em seu destino mítico para a terra prometida. Tudo parece ir conforme o planejado, exceto pelo fato de que as encenações começam a ficar cada vez mais realistas. Os judeus, representando os nazistas tornam-se autoritários; aqueles que representam o papel dos deportados tramam rebeliões contra seus falsos algozes, outros se declaram comunistas, querendo lutar contra fascistas, burgueses e imperialistas. Todos esses personagens emergem de uma pequena comunidade sobre a qual o mal se abateu.

Radu Mihaileanu nasceu em Bucareste, em 1958, e, antes de se graduar em cinema no Cinematographic Institute de Paris, foi ator e diretor de teatro. Esse é um dado biográfico importante, porque ele irá estruturar seu trabalho a partir da concepção do mundo como espetáculo em um ritmo picaresco e aventuroso. Para Italo Calvino, uma forma de se escrever o mundo fundamentado em outra lógica que não a imposta e preestabelecido é saltar ágil sobre os obstáculos e sobrelevar o peso do mundo, demonstrando o segredo da leveza e se contrapondo ao reino da morte.[2] Assim, quando a realidade torna-se petrificada (por

---

[2] Cf. CALVINO, Italo. *Seis propostas* para o próximo milênio. Trad. Ivo Barroso. São Paulo: Companhia das Letras, 1991. p. 24.

governos totalitários, pela violência, pela miséria) é preciso mudar o ponto de observação. Um dos recursos utilizados, no filme, para essa mudança de perspectiva dá-se, sobretudo, no uso de recursos próprios do teatro para se contar a história. Ao estabelecer esse diálogo com o gênero dramático, o diretor postula o que Jorge Luis Borges enunciou sobre a "ficção na ficção".[3] Esse estatuto especular da narrativa fílmica – a encenação dentro do filme criando e recriando espelhamentos e duplicações – promove a mudança do olhar, no texto e fora dele, por intermédio de um efeito humorístico.

A narrativa inicia-se com uma caracterização do *schtetl,* que aproxima os cenários fílmicos às pequenas aldeias judaicas pintadas por Marc Chagall. A aldeia cenográfica é palco e retrato dos lugarejos que sobreviviam em lírica miséria, como avalia Moacyr Scliar, na Europa Oriental. Muitos judeus, principalmente na Rússia e na Polônia, só podiam viver em regiões geográficas delimitadas – um equivalente rural, mais extenso, do gueto urbano. O *schtetl,* tornou-se, assim, o centro da existência judaica. Ali viviam religiosos, agricultores, sapateiros, alfaiates, leiteiros, açougueiros, mulheres cuidando da casa e criando numerosos filhos. No *schtetl,* desenvolveu-se um rico folclore de tipos característicos como o *schelemiel,* o desastrado, para quem nada dá certo, e o *schnorrer,* um mendigo arrogante conhecido pela *chutzpah,* a cara de pau.

---

[3] BORGES, Jorge Luis. Quando a ficção vive na ficção. Trad. Sérgio Molina. In: ______. *Obras completas de Jorge Luis Borges, volume 4*. Vários tradutores. São Paulo: Globo, 1999. p. 504-506.

Schlomo, o louco da aldeia, é, no filme, uma mistura de todos esses tipos e estereótipos. Nessa condição miserável, nasce um tipo de humor que poderia ser chamado de judaico. Agridoce, esse humor provê uma defesa contra o desespero, contra a morte. Com a leveza de um "violinista no telhado", o louco viaja no teto do trem. Também é ele que, no meio da catástrofe, retira, levíssimo que era, o peso do mundo.

No *schtetl*, os personagens acabam por constituir uma galeria de tipos sob a liderança do Rabi, que, invariavelmente, consulta o louco para tomar suas decisões. No trem, a aldeia se põe em movimento. Assim, alfaiates e sapateiros, pequenos comerciantes, sob a liderança, um tanto duvidosa do rabino, são, no domínio da narrativa, liderados pelo louco ou bobo da cidade. Esse misto de mensageiro e louco é o elemento de ligação entre os mundos: entre o *schtetl* e as outras cidadezinhas e entre os judeus e as comunidades dos ciganos. Constitui-se, pois, o louco, como um poder paralelo, uma força irônica que duplica o poder representado pelo rabino e redimensiona o aparato cultural judaico em franco diálogo com outros costumes, outras tradições.

A configuração de uma crise dá-se, pois, com a informação, fornecida pelo louco, de que os nazistas invadiriam a aldeia. A chegada dos nazistas significa a prisão e o envio dos judeus para um lugar onde não se pode escrever cartas, logo, de onde não se tinha mais notícias. A delicadeza com que essas informações e fatos são tratados e trazidos ao espectador antes agravam – expondo o perigo a que estão submetidos os judeus – do que camuflam os males, porque aqueles que não dão notícias são os mortos. Diante dessa evidência, não surge, daqueles que são considerados sãos, qualquer saída. O louco, no entanto, propõe uma solução. Ela vem, portanto, da sugestão da representação, do fingimento e da farsa, do teatro dentro da história, da ficção dentro da ficção. A máxima de Karl Marx que afirma que a História acontece a primeira vez como tragédia e a segunda como farsa, parece ser uma tônica do filme.

Alguns elementos do teatro podem ser destacados: a construção dos cenários (a caracterização da aldeia (como um musical da Broadway) e a reforma do trem (como um palco); a confecção do vestuário pelos alfaiates judeus (como nos bastidores e nos camarins dos teatros); a representação dos judeus fingindo-se de nazistas, e a ironia que traz, para esse momento, uma importante lição de sobrevivência; a escala do elenco e a referência irônica fazendo com que os judeus que tinham sobrenomes alemães e não muito sotaque sejam escalados para representar os alemães, uma das inúmeras fórmulas usadas pelos nazistas para identificar os judeus; a referência intertextual da presença do personagem louco ou bobo (da aldeia, da corte) que, caros ao teatro de Shakespeare, são elementos que (por serem loucos ou bobos) têm a língua forra. O discurso é liberado ao louco porque é louco. Por seu intermédio, muitas vezes porta-voz do narrador ou do autor implícito, denuncia-se, critica-se, desconstrói-se a voz, o poder e a ordem totalitária.

A função do teatro no filme é, portanto, uma estratégia de sobrevivência da comunidade judaica. Não sem humor, a representação tem os seus riscos quando o papel sobrepuja o ator e se vislumbra a falta de limite entre ficção e realidade. Mesmo quando o teatro, por meio da ironia, revela a possibilidade de saída, os riscos não estão completamente afastados. O recurso à carnavalização destitui poderes, mas pode se tornar outro poder tão perverso quanto o primeiro.

Daí que o rabino ou o louco, as lideranças da comunidade, sejam papéis reversíveis, ambíguos, duplos. O primeiro representa a sabedoria letrada judaica, o ponto de equilíbrio, a lei, a verdade. O rabi é o portador da palavra correta e para ele converge toda a comunidade em busca de direção. O louco representa o desequilíbrio, a farsa, as estratégias de simulação para a sobrevivência, o portador da palavra alucinada. Ironicamente, esse louco chama-se Salomão. O rabino e o louco são personagens duplos, faces de uma mesma moeda. O louco afirma, em dado momento, que só ocupa essa posição porque a vaga de Rabino já havia sido preenchida.

O louco, ou o bufão, muito frequente no teatro medieval e clássico, é um elemento desvelador dentro da cultura, no âmago da razão e da verdade. O louco e a loucura fascinam porque fazem emergir um tipo de saber fora da ordem. Esse saber, o louco o carrega como se fosse uma bola de cristal, que para todos está vazia, daí ele ser continuamente dado como ignorante. No entanto, os seus olhos estão cheios de um saber invisível (só o louco da cidadezinha soube das más notícias sobre os nazistas). A loucura torna-se, assim, uma forma de razão. Como a carta de Tarô "O Louco", o personagem Schlomo, representa, também, simultaneamente, o Palhaço e o Bobo da Corte.

Nas cortes, é uma velha e sábia tradição que o Bobo ou o Poeta tenham por função reverter os valores sobre os quais o rei baseia seu próprio domínio, zombar deles e demonstrar que em todo poder absoluto esconde uma via tortuosa, em todo produto acabado subjaz um desconjuntar de peças que não se encaixam e, em todo discurso que se quer contínuo e acabado, há um estalar dos sentidos que desafinam e desafiam a ordem. O louco está fora dos limites da razão, das normas da sociedade, e tem a língua forra assim como as mulheres, as crianças, os velhos, os mortos e as prostitutas. Na literatura, muitas vezes, esse é um recurso que denuncia a opressão e a violência a esses grupos podem ser submetidos.

O filme *O trem da* vida, além de todas essas irônicas duplicidades e ambiguidades, revela, também, que os judeus não são uma massa amorfa. Os tipos mais variados de judeus são encenados ironicamente estereotipados: tradicionais ou liberais; comunistas ou não; ateus ou religiosos. Todos juntos, revelando a sua multiplicidade e as várias correntes políticas, religiosas e de pensamento às quais estão ligados. Ao fazer humor, o filme areja a tradição. Por isso, o louco é quem propõe a saída para salvar a comunidade; os judeus usam uniformes nazistas ao participarem de cerimônias sagradas do judaísmo, como o *shabat*; o filho do rabino torna-se comunista, pregando uma revolução contra os judeus que estavam disfarçados de nazistas e encarnam, para ele, os imperialistas. Os mais jovens tornam-se, assim, triplamente perigosos: eles são jovens, judeus e comunistas.

A relação entre os judeus e os ciganos mostra-se rica, aberta e multicultural, além de trazer, para o contexto dos filmes e das narrativas sobre a Shoah, aqueles que ainda não tiveram sua história devidamente contada. Essa aproximação aos ciganos aponta para a condição humana de qualquer grupo que, apesar de todas as diferenças – comida, vestuário, usos e costumes, religião – sob o signo universal da música e do humor, são irmanados. A pirueta final de Schlomo, no afastar da câmera e na revelação do louco por detrás da cerca de arame farpado, retira do espectador suas últimas certezas, suas prováveis e mínimas convicções e ensina uma preciosa lição, a cada dia, mais necessária: o mundo não pode sobreviver sem escritores e artistas.

O tango e o tango dos Rashevski

Walter Benjamin, em "Experiência e pobreza",[1] afirma que em nossos livros, nos provérbios e nas histórias, no momento da morte, haveria a revelação de um tesouro: o valor da experiência. Esta, transmitida de forma benevolente ou ameaçadora, seria comunicada aos jovens, com a autoridade da velhice. No entanto, Benjamin pergunta:

> Que foi feito de tudo isso? Quem encontra ainda pessoas que saibam contar histórias como elas devem ser contadas? Que moribundos dizem hoje palavras tão duráveis que possam ser transmitidas como um anel, de geração em geração? Quem é ajudado, hoje, por um provérbio oportuno? Quem tentará, sequer, lidar com a juventude invocando a experiência?[2]

---

[1] BENJAMIN, Walter. Experiência e pobreza. In: _____. *Magia e técnica, arte e política*: ensaios sobre literatura e história da cultura. Trad. Sérgio Paulo Rouanet. São Paulo: Editora Brasiliense, 1993. *Obras escolhidas*, v. 1. p. 113-119.
[2] BENJAMIN, 1993, p. 114.

Essa série de questões, originadas pelo contexto do fim da Primeira Guerra Mundial, reflete a condição dos combatentes que haviam voltado dos campos de batalha silenciosos e pobres em experiências comunicáveis. Desmoralizadora, a experiência das trincheiras e da fome pôs em cena o "frágil e minúsculo corpo humano". Surge, daí, uma nova forma de miséria a partir do monstruoso desenvolvimento da técnica, sobrepondo-se ao homem.

Em *O tango dos Rashevski*, de Sam Garbarski e Philippe Blasband ,[3] a narrativa se estrutura, também, a partir da morte e da experiência não comunicável da Shoah vivida pela família Rosa, a matriarca dos Rasheviski. Sobrevivente da catástrofe, Rosa retorna, como os soldados citados por Benjamin, alheia às experiências comunicáveis do judaísmo.

Inspirado na história das famílias do diretor e roteirista, o alemão Sam Garbarski, e do roteirista iraniano Philippe Blasband, o filme põe em cena uma família judaica belga que, até a morte da matriarca, não tem plena consciência de sua cultura ou religião. A família percebe, de repente, que nada sabe sobre suas tradições, mas uma dança, um ritmo, uma música os une indelevelmente. Apesar de partilhar de um refinado humor, que pode ser chamado de judaico; do amor por Rosa e do tango, que extraordinariamente tem o poder de unir todos, a família não consegue concordar em quase nada. A partir da morte de Rosa, é que a família começa a perceber que as tradições da religião da qual eles nada sabem, só poderia ter sido transmitida por ela que não o fez após sobreviver a Shoah.

[3] O TANGO dos Rashevski. Direção: Sam Garbarski. França/Bélgica/Luxemburgo: Europa Filmes, 2003. 100 min.

Ramón Pelinski, em *Escritos sobre tango*: *en el Río de la Plata y en la diáspora*, publicação que contém as conferências apresentadas no I Congresso Internacional de Tango ocorrido em Buenos Aires, faz uma análise do processo de exportação do gênero e pontua as circunstâncias históricas da disseminação do tango diaspórico, dando particular ênfase à Europa. Segundo o escritor, "al tango le gusta irse de gira a otros puertos para regresar a su oasis rioplatense", e continua: "el nomadismo es un rasgo fundacional del tango, habitado por una pulsión migratoria que, dadas las circunstancias económicas o políticas en que emigrantes y exiliados están forzados a emprender la diáspora, es más bien una expulsión".[4] Esse percurso é, nesta análise, importante para compreender o tango como metáfora, para apontar de que forma ele migra, não só com os emigrantes, que deixam a Argentina e desembarcam em Paris na década de 1910, mas, ainda, como um signo de leveza e resistência após a Shoah.

Em *O tango dos Rasheviski*, as vidas de Isabelle, Nina e Khadijah, em suas diferenças – de credo, cultura e geração – revelam fronteiras quase intransponíveis, mas, também, estratégias de aproximação e amizade, mesmo em situações nada propícias. A morte de Rosa deixa entrever fios invisíveis que farão com que o destino dessas mulheres seja fiado e desfiado entre e sobre o que poderia ser visto como um tecido ou um tablado em que, parceiros na dança da vida, os personagens, irão se envolver, se enlaçar e se mover.

---

[4] Citado por SABORIDO, Augustina Tula. Tango, baile nuestro y global. *Revista Ñ*, 3 ago. 2010. Disponível em: <http://www.revistaenie.clarin.com/notas/2010/08/03/-02206628.htm>. Acesso em: 8 ago. 2010.

Isabelle não é judia. Casada com Simon, um dos filhos de Rosa, vez por outra, em seu discurso, usa uma palavra em ídiche. Na Páscoa, com amor, cozinha os pratos típicos e discute com Tio Dolfo, o então parente mais velho, também sobrevivente, para que se cumpram corretamente todos os ritos. Ele canta fora de hora, não espera pelas perguntas das crianças no ritual, começa a comer antes de todo mundo. Essa mulher não judia e não religiosa tenta, estranhamente, manter a tradição na qual está inscrita por um casamento misto, mais do que a própria família. Com a morte da sogra, pergunta ao marido como e onde ele quer ser enterrado. Ela sabe que, por não ser judia, não poderá ser enterrada no cemitério judaico, mas ele sim. Essa absurda, mas legítima preocupação acaba por fazer o casal discutir. Ele não quer falar sobre o próprio enterro, ela quer uma declaração de amor, ou seja, que ele diga que será enterrado onde ela for.

Nina é filha de Isabelle e neta, portanto, de Rosa. Ela discute com a família para dar um enterro religioso à avó. Assustada diante da situação em que ninguém sabe realmente o que fazer, ela empreende uma busca por um judaísmo que ela pensa ser original. Ela quer se casar com um judeu ortodoxo, que saiba hebraico, todos os ritos e todas as rezas. Ao enamorar-se por ela, Antoine, um amigo cristão da família, converte-se, faz circuncisão e tudo que o judaísmo exige. Um rabino, porém, o adverte de que ao se converter se tornaria mais judeu do que Nina, que é filha de mãe não judia.

Khadijah é uma muçulmana moderna, apesar de ser próxima da religião da família. Ela trabalha num restaurante e namora às escondidas Rico, o outro neto de Rosa. Ambos têm medo, devido à diferença religiosa e, por vezes, política, de assumir o romance perante suas famílias. Numa discussão, ela joga no rosto do namorado: "Você serviu no Exército de Israel, atirou em palestinos e quer casar comigo?" Ele se desespera. Ela se arrepende e pede que ele bata nela, Rico tenta se fazer entender, revelando sua impotência, levantando os braços. Assustada, Khadijah recua. A resposta de Rico é terrível e aprofunda as feridas: "Não sou muçulmano, não bato em mulher." Khadijah, profundamente magoada, vira as costas e os dois terminam. A rua deserta e a chuva fina aumentam a distância.

A referência ao tango aparece explícita no enterro de Rosa, antes, implicitamente, pontua e se entretece na trilha incidental do filme. Após a família resolver que faria um enterro judaico, um dos filhos discursa diante do esquife. Tiveram uma infância difícil, afinal, o pai havia deixado Rosa com os dois filhos e emigrado para Israel. Mais tarde, o espectador toma conhecimento de que ela abandona a religião e ele se torna rabino. Essas diferenças de posicionamento religioso após a Shoah os separarão para sempre. Apesar disso, Rosa cria os filhos sem o pai com amor e alegria. O filho afirma que a mãe era cheia de vida, que fazia festas de aniversário surpresa mesmo não sendo aniversário de ninguém. Foi ela que, dos 5 aos 6 anos, ensinou os dois filhos, Simon e Davi, a dançar tango. Se souberem dançar tango, afirmava, nada de ruim aconteceria com eles. O relato do filho é emocionado.

Ao lado do irmão, Davi dá testemunho dessa leveza, ou desse peso. Afinal, viver fora do conforto da tradição, sem repetir os ritos, muitas vezes, desconhecendo seu real significado, também pode ser um peso a carregar. No abrigo da religião, pode ser mais fácil aceitar o destino, o mal que sobrevém, a morte. Na vida de Rosa, descrente da religião, sobrevivente a Shoah, a religião não teve mais lugar. No entanto, para os filhos, o tango religa a família à vida.

Jorge Luis Borges no poema "O tango" pergunta: "Onde estará (repito) a malandragem / que fundou em viela empoeirada / de terra ou em perdidos povoados / uma seita da faca e da coragem?" Mais adiante, a voz lírica arremata: "Essa rajada, o tango, diabrura, / os anos fatigados desafia; / feito de pó e tempo, o homem dura / muito menos que a leve melodia, / que só é tempo."[5] A diabrura, apontada por Borges, indica o resquício de um passado "irreal, mas ocorrido", feito de festa, de coragem, de mortos que se perderam, mas que vivem por meio da dança.[6]

José Judkovski e Julio Nudler, em *El tango, una história con judíos,*[7] e *Tango judío: del ghetto a la milonga,*[8] marcam, em agosto de 1889, com a chegada, ao porto de Buenos Aires, do Wesser, a participação judaica na história do tango. Desse navio, desembarcaram judeus que, oriundos da Rússia, buscavam escapar da violência e da miséria que sobre eles exerceram governos despó-

---

[5] BORGES, Jorge Luis. O tango. Trad. José Lino Grünewald. In: GRÜNEWALD, José Lino. *Carlos Gardel*: lunfardo e tango. Rio de Janeiro: Nova Fronteira, 1994. p. 2-5.

[6] Cf. GRÜNEWALD, 1994, p. 5.

[7] JUDKOVSKI, José. *El tango, uma história com judíos*. Buenos Aires: Fundación IWO, 1998.

[8] NUDLER, Julio. *Tango judío*: del ghetto a la milonga. Buenos Aires: Editorial Sudamericana, 1998.

ticos a partir de 1881.[9] As letras do tango, seus músicos e, principalmente, suas histórias de vida, que mesclam a alteridade dos imigrantes com a vida nas *orillas* de Buenos Aires, revelam esse intrincado fio de letra e música.

No filme, a história das mulheres com o tango parece tecer outra trama, a da resistência e da tolerância. Entre encontros e desencontros, Isabelle, após um tango tocado ao piano pelo filho, recebe de Simon sua declaração de amor desejada: onde ela for, ele irá também, onde quer que ela seja enterrada, ele também quer ser enterrado, como na declaração bíblica de fidelidade de Rute a Noemi. Nina apaixona-se por Antoine, que se converteu ao judaísmo, ensina-o a dançar tango e parte com ele para Israel. Lá, o casal é recebido pelo avô, agora um velho rabino. Khadijah e Rico se reaproximam. Tio Dolfo promove o entendimento entre a família judia e a muçulmana. O casamento dos dois é uma festa de cores, sons, cheiros. A noiva está belíssima e o noivo radiante.

Maria José de Queiroz afirma em "'Voulez-vous tanguer?': o tango argentino"[10] que essa dança de enlace foge à tirania de riscos e de desenhos preestabelecidos e concede autonomia aos movimentos. Assim, o espaço fechado em que se move o casal de dançarinos, com gestos e passos, se alarga, a partir de uma linha aleatória, inventada e reinventada numa coreografia original, própria do par. Os passos do tango, as figuras, exibem outra perspectiva, a que Carlos Veja, em "La coreografia del tango ar-

---

[9] QUEIROZ, Maria José de. "*Voulez-vous tanguer*?" O tango argentino. In: ______. *A América sem nome*. Rio de Janeiro: Agir, 1997. p. 183-191.

[10] QUEIROZ, 1997, p. 185.

gentino",[11] avaliou como variedade na unidade: "Constitui-se cada figura de uma combinação de passos que a mulher reelabora, ao revés, após o movimento do parceiro. Numa recriação inovadora, o par pode traçar uma série de variações, desdobrando-as, indefinidamente, *ad libitum*".[12]

Antes dessa reelaboração feminina, em suas origens, o tango argentino tem, na habanera e na milonga, seus ancestrais mais lembrados, ligados ao canto. O tango destinado à dança contrai, transforma o equilíbrio num espasmo. Para Queiroz, nas casas de fama duvidosa, tavernas e cabarés de má reputação, reelabora, com primores, a coreografia das origens. Renovada, surge uma dança como numa "soma de todos os ritmos aprendidos e inventados pelos frequentadores dos lupanares bonaerenses. Pouco a pouco, no entanto, o tango conquista a pequena burguesia, tendo o seu apogeu, nas décadas de 1920-1930, com Carlos Gardel (1890/1881-1935)".[13] Desse modo, "sórdidas histórias de bordel, de assassínios misteriosos, de perseguições e caçadas policiais, de amores suburbanos, de vinganças, ciladas e ódios", foram substituídas pela moralidade, a boa usança; expurgaram-se, as letras obscenas, ensinaram-lhe casticismo, pudicamente, para que se permitisse a sua entrada nos lares honrados.[14]

No filme de Garbarski, o tango migra para a Europa, na vida dos Rasheviski, como um exercício de resistência. No estranho mun-

---

[11] VEGA, Carlos. La coreografia del tango. *Prensa*. Buenos Aires, jun., 1954.

[12] QUEIROZ, 1997, p. 186.

[13] QUEIROZ, 1997, p. 187.

[14] Cf. QUEIROZ, 1997, p. 189-190.

do após a Segunda Guerra Mundial, diante da realidade atroz e dos horrores dos campos de extermínio, quem sobreviveu deveria ter o passo sincopado, apesar de sobrevir, de vez quando, as memórias dolorosas, como um espasmo. Deveria, ainda, manter a leveza, na medida em que, nas discussões mais acirradas, com lados aparentemente irreconciliáveis, permitir o enlace.

Em maio de 1947, cinco anos após a deportação e o assassinato dos pais, Paul Celan inscreve-se numa terrível e extraordinária rede de poesia, música e morte quando publica o poema fundamental "Tangoyk mortii", Tango da morte, ou, "Todesfuge", Fuga da morte. John Felstiner recorda em "Paul Celan, poeta, sobreviviente, judio"[15] que o poema teria surgido após uma leitura de Celan sobre judeus tocando melodias em campos nazistas.

Para Nudler, é possível que Celan tenha lido "El campo de exterminio de Lublin", de Konstantin Simonov, publicado em agosto de 1944, pelos soviéticos. O crítico relembra, ainda, que há referências, em *El libro negro*: *los crimenes nazis contra el pueblo judío*,[16] que, no campo de concentração de Janowska, perto de Chernowitz, um tenente da SS ordenava aos violinistas judeus tocar o chamado "Tango da morte" para acompanhar as marchas, as torturas, a escavação de tumbas e as execuções. Antes da liquidação desse campo, os SS mataram toda a orquestra. Segundo Felstiner, esse tango foi baseado no maior sucesso, antes da guer-

---

15 FELSTINER, John. *Paul Celan, poeta, sobreviviente, judío*. London: Yale University Press, 1995.

16 EL LIBRO negro: los crimenes nazis contra el pueblo judío. New York: [s.n.], 1946.

ra, do argentino Eduardo Bianco, que foi tocado por ele diante de Hitler e Goebbels, em 1939. Felstiner afiança que também em Auschwitz a orquestra interpretava tangos e que em outros campos os prisioneiros chamavam genericamente "Tango da morte" a qualquer música que se executava quando os alemães levavam um grupo de judeus para assassiná-los.

Ensinar tango aos filhos vai muito além de substituir o judaísmo por uma dança que poderia ser considerada exótica no contexto belga dos anos 1990. Rosa pretendia ensiná-los a fugir da tirania da religião, dos costumes, afinal, dos riscos e desenhos preestabelecidos, a fim de que eles pudessem aprender a ter autonomia nos movimentos que a vida exige e, também, evocar a sobrevivência dos campos. Por isso, a partir de sua morte, há lugar para o retorno à religião, para a celebração da multiplicidade de um casamento misto – mesmo entre povos que podem ser vistos e se verem como inimigos –, para a renovação de um voto de amor, antes que a um voto religioso – muitas vezes, uma repetição ritual vazia e sem real significado. Na coreografia do tango e da vida, os parceiros devem aprender a "variedade na unidade" e a "união na variedade", permitir a diferença, fazer dela um passo de dança, formando, assim, uma "soma de ritmos aprendidos e inventados" e, sobretudo, dar testemunho da vida.

Arquivos possíveis:
Sob céus estranhos, de Daniel Blaufuks

Sob céus estranhos: uma história de exílio, publicado em 2007, pelo fotógrafo e cineasta português Daniel Blaufuks,[1] apresenta-se como a simulação de um álbum de fotografias de família que, por intermédio de uma revisitação ficcional e, por isso mesmo, aberta e multidimensionada da memória, expõe o pendor contemporâneo da arte para a coleção e para o arquivo.

Precursor, o romance *Sob céus estranhos*, publicado em 1962, por Ilse Losa,[2] ilumina não só a história familiar do escritor, que é encenada anos depois, mas também a concepção de uma tradição da memória como queria Ricardo Piglia.[3] Nesse deslocamento de tempo e de espaço, entre o romance de Losa e o álbum simulado de Blaufuks, algo da ordem do entreato, ou seja, do intervalo entre o registro pessoal e coletivo e a encenação, deixa vislumbrar as estratégias de composição narrativa de ambos os autores.

---

[1] BLAUFUKS, Daniel. *Sob céus estranhos*: uma história de exílio. Lisboa: Tinta da China, 2007.

[2] LOSA, Ilse. *Sob céus estranhos*. Porto: Edições Afrontamento, 1987.

[3] Cf. PIGLIA, Ricardo. Memoria y tradición. In: 2º. CONGRESSO ABRALIC: LITERATURA E MEMÓRIA CULTURAL, v. 1, 1991, Belo Horizonte. *Anais*... Belo Horizonte: CEGRAC, 1991. p. 60-66.

Ilse Losa nasceu em Melle, Alemanha, em 1913, e faleceu na cidade do Porto, em 2006. Em 1930, partiu para a Inglaterra, com sua mãe e dois irmãos fugindo da ameaça nazista. Chegou em Portugal em 1934, onde casou em 1935 com o arquiteto Arménio Taveira Rosa, adquirindo a nacionalidade portuguesa. Publicou seu primeiro livro, *O mundo em que vivi*, em 1943, dedicando-se, a partir daí, à tradução e à literatura infanto-juvenil. Paulo Jorge Teixeira Cavaco defende, em *A representação do Holocausto em Ilse Losa*,[4] que os romances da escritora exploram três tempos (o antes, o durante e o depois da Shoah) além de os diversos atores que estiveram envolvidos no acontecimento (as vítimas, os perpetradores, os espectadores e os resistentes).

No romance de Losa, as casas velhas, estreitas, altas e baixas, pitorescas, com as fachadas de azulejos e os balcões de ferro da cidade do Porto, compõem o cenário em que estrangeiros, entre eles os judeus, de inúmeras partes do mundo, podem evocar alguma coisa do passado. Mas a um estrangeiro como o narrador, Josef Berger, o José, elas parecem não dizer nada, não inspiram nostalgia. Para ele,

> a nostalgia de um passado histórico se cultiva na infância, tal como os usos e os costumes. O estrangeiro, quando muito, pode admirar, gostar, achar curioso, mas não se enternece nem se orgulha. As lutas e glórias dum país que não é o seu permanecem-lhe alheias porque a infância foi-lhe povoado de outras lutas e glórias, e a sua nostalgia é, por consequência, outra também.[5]

---

[4] CAVACO, Paulo Jorge Teixeira. *A representação do Holocausto em Ilse Losa*. 2012. 121 f. Dissertação (Mestrado em Estudos Portugueses Multidisciplinares) – Universidade Aberta, Lisboa, 2012.

[5] LOSA, 1987, p. 15

A partir dessa reflexão, ele ainda se pergunta porque está ainda a viver no Porto, porque anda por suas ruas, como um mendigo empurrado para a escuridão.[6] Desse lugar e com esse ponto de vista, o narrador aguarda o nascimento de seu primeiro filho. Sua condição de estrangeiro, no entanto, não é estável aos seus olhos, mas ele confessa adorar a cidade de ruas escabrosas e miseráveis.[7] A seguir, arremata:

> Se um turista chega a um mundo estranho, onde nem o aspecto exterior, nem a língua, nem os costumes lhe conseguem despertar reminiscências, esse mundo exerce sobe ele um encanto delicioso. Não surge tudo isso que se oferece aos seus olhos – paisagem, costumes e fala – para o seu particular deleite? Não se lhe oferecem todas as características pitorescas para que ele se divirta e tire fotografias? Mas se o mesmo turista se vê, de repente, forçado a permanecer nesse mundo estranho para ganhar o seu pão, o pitoresco torna-se-lhe ambiente quotidiano, os habitantes passam a ser os seus vizinhos, amigos e inimigos e o caso muda inteiramente de figura. O que lhe parece insólito e exótico ergue-se qual muro espesso entre ele e tudo o que constitui a sua vida, e por muito tempo não passa dum homem à parte, um observador sempre prestes a comparar com este mundo o seu de outrora: um comparsa que, não chegando a pisar o palco, permanece nos bastidores. Por isso o turista é para o estrangeiro domiciliado o que o campista é para um homem que se instalou, de vez, numa cabana.[8]

---

[6] Cf. LOSA, 1987, p. 16.

[7] Cf. LOSA, 1987, p. 19.

[8] LOSA, 1987, p. 15-16.

Essa condição, ora de turista ora de morador permanente, um tanto quanto melancólica, irá se reverter com o nascimento do filho. O imigrante judeu continuará com suas dúvidas, mas se perguntará:

> Um filho é continuação. Ou chegada? Procura chegar, José! Procurei chegar, Nils, procurei deveras. Mas sabes tu o que quer dizer chegar? O amor a outros seres, a continuação em outros seres, a ilusão de segurança e de estabilidade ou somente uma estação intermédia na eterna fuga do homem? Não sei, não sei...[9]

Nascido em Lisboa, em 1963, numa família oriunda da Alemanha, Blaufuks passou a infância em um prédio onde moravam os seus avós e outros tantos exilados não judeus que foram obrigados a sob céus estranhos, reinventar sua morada, seus lares, suas vidas. Esse espaço de diversidade, quase um *schtetl* que migra de vários países do centro e do leste europeu para Portugal, constitui-se como uma comunidade de refugiados que, não sem dificuldade, farão de Lisboa e seus arredores seu refúgio.

Imerso num universo de vestígios de memórias, Blaufuks recria, adulto, a partir de fotografias e de pequenas narrativas, os textos que compõem *Sob céus estranhos*. Uma poética da coleção pode, assim, ser vislumbrada. O livro exibe, modesta e humanamente, como afirmou Leo Sptizer, um registro de memórias, de textos autobiográficos entre a ficção e a história, que tende a apontar

---

[9] LOSA, 1987, p. 18.

para um movimento que intenta impedir a dispersão do passado como em um arquivo-morto.[10]

A imagem do arquivo, real e metafórico, para além do acúmulo e da coleção, aponta para o rearranjo do tempo, passado, presente e futuro. Um mundo de alusões, fotografias, objetos, comidas, costumes que atraíram e marcaram o artista são por ele manipuladas, resgatadas do passado, reinscritas no presente e reelaboradas para o futuro. Para Sptizer, quando o artista utiliza essas reminiscências – os filmes da época e de família, excertos de memórias e jornais antigos, trechos de diários de refugiados, relatos biográficos e materiais de arquivos europeus e norte-americanos – acaba por oferecer ao leitor um documento e um testemunho, mas também uma possibilidade de rearranjo da memória.

O livro é, assim, uma mescla de registros: imagens fotográficas e textuais de exilados ou a eles pertencentes; textos ficcionais, biográficos ou autobiográficos de Blaufuks e, também, de refugiados; intervenções artísticas nas imagens que o artista recorta, destaca ou desfoca, além de uma versão em filme, com os textos narrados pelo autor. *Sob céus estranhos* se configura, portanto, como um texto híbrido, algumas vezes liricamente ficcional, construído a partir de acervos, coleções e arquivos, retalhos de textos, imagens e vozes próprias e alheias, trançando histórias íntimas e recordações pessoais com a memória coletiva dos exilados em Lisboa.

---

[10] Cf. SPITZER, Leo. Apresentação. In: BLAUFUKS, Daniel. *Sob céus estranhos*: uma história de exílio. Lisboa: Tinta da China, 2007.

Além disso, ao fotografar retratos, boletos de trem, cartas, postais e recortes de itens particulares e privados, o artista deixa-se fotografar, não completamente. Mãos, dedos, uma parte do braço. O leitor pode, assim, perceber, tanto o olhar do fotógrafo, sua perspectiva, que advém de suas escolhas, mas, também, a inscrição do corpo do artista na coleção, registrando e, simultaneamente, manipulando passado e futuro.

Nesse sentido, duas estratégias de Blaufuks colocam em tensão o real, que poderia ter, na fotografia, uma prova de verdade: as intervenções nas imagens que seleciona e a inscrição de textos que acompanham essas imagens. Ambas, tanto as intervenções quanto as inscrições, filigranam a memória, tornando-a simulada e fragmentária, quase em ruínas. Assim, o sentido da coleção, da enumeração e da lista, na obra de Blaufuks, não é um acúmulo obstinado, mas uma reinvenção de histórias de forma residual.

Em *Os males da ausência ou a literatura do exílio*, Maria José de Queiroz afirma ao referir-se a Montesquieu, que há um "rol múltiplo e complexo dos males da ausência", ou seja:

> Quando a partida para o estrangeiro não é voluntária, mas imposta como banimento, e a estada além-fronteiras, degredo definitivo, a reação diagnosticada na carta persa inclui-se num longo rol de sintomas que transcendem a metáfora satírica. E alinham-se, todos, de forma evidente ou mal dissimulada, como indícios de um mal maior – o mal do exílio.[11]

---

[11] QUEIROZ, Maria José de. *Os males da ausência ou a literatura do exílio*. Rio de Janeiro: Topbooks, 1998. p. 19-20.

Na recriação de textos e imagens do livro de Blaufuks que simula um álbum, como uma espécie de inventário que se apresenta, ainda, como um filme, esse mal do exílio se anuncia. No entanto, o recorte efetuado pelo artista, ao exibir as marcas de sua intervenção nas imagens documentais que deslocou dos arquivos, ele as recria e as faz migrar, também, de seu estatuto documental para o artístico.

A fragmentação, a simulação e a inscrição do corpo no discurso podem, inúmeras vezes, ser vistas como um limite, um curto-circuito na linguagem. Em Blaufuks, no entanto, elas são ressignificadas. Quando recorda, ele corta e recorta miudezas, e aponta para o resíduo, o que sobra, como potencialidade narrativa. Isso se daria, em primeiro lugar, pelo estratégia de contrapor, nessa espécie de álbum de família, as suas interferências nas imagens que são retiradas de seus contextos (álbuns de fotografia; lembranças de viagens, como os tíquetes e os mapas; documentos, como os passaportes e as cartas-convite que garantiam acesso dos exilados no novo país) e reinscritas em outro espaço, o livro.

Todos esses pedaços de vida são reorganizados no livro de Blaufuks, que acaba por conceber outro arquivo. Seus pequenos textos, microrrelatos e mínimas reflexões, que acompanham as imagens não são legendas nem explicações, ao contrário, funcionam independentes da imagem impressa. Dois textos, duas imagens, inscrevem o artista de forma biográfica e ficcional no trabalho.

O leitor pode, desse modo, reorganizar a disposição dessas imagens, dos espaços recriados e das narrativas ali inscritas. Como não há uma linearidade estruturante, fica a seu cargo escolher por onde entrar nesse texto, até porque, as páginas do livro não recebem numeração ou marca de continuidade. A partir dessa estratégia, escrita e leitura delineiam o caráter combinatório da narrativa (textos, imagens, sons), bem como a noção de um álbum de família simulado, arquivo que faz ruir a imaginária verdade ou o caráter perene do sentido único e aponta para a precariedade da narrativa contemporânea.

Essa reinvenção da narrativa, da vida ficcionalmente arquivada, ou da verdade imaginariamente vivida, relativiza o texto memorialístico construído a partir de citações, imagens e textos próprio e alheios e parece pautar-se por uma estratégia biobliográfica como queria Antonie Compagnon quando afirma:

> Ora, o que é uma bibliografia senão o modelo de uma autobiografia, um *scrap-book*, uma coletânea de lembranças, um bilhete de trem, tíquetes de museu, programas de espetáculos, cartões de convite, flores secas: inventários dos ícones do autor.[12]

Estaria, o leitor, assim, diante de um *bricoleur*. Ou seja, Blaufuks, em *Sob céus estranhos*, seria um fotógrafo-escritor que constrói a sua obra com o que encontra (os itens do acervo familiar e alheio e todos os restos e ruínas do passado). Ele monta com alfinetes, ajusta (reinventando, reescrevendo e reinscrevendo em outro contexto, realizando outra inscrição), como uma costureirinha, diria Compagnon.[13]

---

[12] COMPAGNON, Antoine. *O trabalho da citação*. Trad. Cleonice Mourão. Editora UFMG, 1996. p. 75.

[13] Cf. COMPAGNON, 1996, p. 30.

Também Maurice Blanchot, em *Conversação intima*, adverte:

> Primeiro, ninguém pensa que as obras e os cantos poderiam ser criados do nada. Eles estão sempre ali, no presente imóvel da memória. Quem se interessaria por uma palavra nova, não transmitida? O que importa não é dizer, mas redizer e, nesse redito, dizer a cada vez, ainda, uma primeira vez.[14]

Ao iniciar o livro, com uma fotografia, quase uma tomada cinematográfica das lápides do cemitério judaico de Lisboa, em vez de lamentar a morte, o artista reafirma a vida e faz com que o leitor reconheça que os nomes gravados na pedra serão, ao mesmo tempo, para além de um mero registro, uma transfiguração. As imagens desfocadas, pontilhadas, envelhecidas por mofo, bolor ou um estrago qualquer, natural do tempo, fantasmagoriza a crença na fotografia como documento, um dado da realidade que não pode ser lido de forma fechada, mas em *punctum*, como queria Roland Barthes.[15]

O poético, assim, insurge-se nesse registro pétreo e o perturba, pela fotografia e pelo texto que a acompanha, produzindo, desse modo, leituras imprevistas. Diz o texto:

> Quando passeio entre as campas do cemitério judaico em Lisboa, reconheço os nomes gravados na pedra, como se estivesse num cemitério de aldeia.

[14] BLANCHOT citado por COMPAGNON, 1996, p. 7.

[15] Cf. BARTHES, Roland. *A câmara clara*: notas sobre fotografia. Trad. Júlio Castañon Guimarães. Rio de Janeiro: Nova Fronteira, 1984.

> Uns pertenciam ao círculo mais próximo dos meus avós, ao grupo da canasta, outros iam, como nós, à sinagoga em dias de festa ou ao centro israelita aos sábados à tarde. Alguns nomes são anteriores a estes: avós, tios ou pais, que conseguiram também escapar.
>
> Das cinquenta a duzentas mil pessoas que passaram por Lisboa, apenas cinquenta aqui ficaram.[16]

Reconhecer-se, portanto, a partir do rol dos nomes inscritos nas lápides como se estivesse na aldeia, leia-se, na aldeia judaica, o *schtetl*, transporta o narrador para o passado dos ancestrais, mas também faz emergir a aldeia que se faz em Lisboa, no exílio: aqueles que estavam mais próximos, os amigos dos avós, aqueles que jogavam cartas, que iam à sinagoga de vez em quando ou os mais religiosos. Importa ressaltar que as lápides fotografadas eram daqueles que conseguiram escapar. Paradoxalmente, as lápides são o testemunho do refúgio em Lisboa.

A narrativa prossegue, não como um passeio entre campas, mas evidenciando a vitalidade que atravessou fronteiras e aportou em Lisboa,[17] mesmo quando vistos eram negados e a população local não os olhava com simpatia.[18] Outra montagem mostra, em destaque, o retrato da avó elegantemente amarelado pelo tempo e a anotação do fotógrafo-escritor: "O meu avô encontrou na mi-

---

[16] BLAUFUKS, 2007.

[17] Cf. ECO, Umberto. *Casablanca*, ou o ressurgimento dos deuses. In: ______. *Viagem na irrealidade cotidiana*. Trad. Aurora Bernardini. Rio de Janeiro: Nova Fronteira, 1984. p. 263-268.

[18] Cf. MUCZINIK, Esther. *Portugueses no Holocausto*. Lisboa: A esfera dos livros, 2012.

nha avó uma companheira para sua fuga." Testamento de amor e de coragem, o neto olha e faz com que o leitor olhe para os vestígios da vida dos avós com orgulho e afirmação do afeto.

Em um livro, presente recebido pelos avós, na Alemanha, com doze assinaturas, revela a lista dos amigos deixados para trás. A avaliação de Blaufuks não é idealizada ou romantizada:

> No dia da despedida, os amigos ofereceram-lhes um livro, *A saga dos judeus*, com as assinaturas dos que ficavam. Apesar da firme decisão de se manterem em contacto, não creio que alguma vez tivessem voltado a rever qualquer um desses doze nomes.[19]

A lista inscrita na dedicatória dos amigos, acrescida do espelhamento da viagem empreendida, é duplicada no título do livro ofertado, *A saga dos judeus*, e reenvia o leitor para as narrativas bíblicas, porque são doze como as doze tribos; são ancestrais e históricas, porque se inscrevem numa tradição de êxodos de exílios; e, finalmente, se enovelam com a história dos avós e do jovem fotógrafo. Nesse sentido, o que poderia ser visto como um registro pétreo, as sepulturas e as lápides, vai, por intermédio dos textos autobiográficos, por vezes, ficcionais, transmutando o real e transformando as histórias em matéria volátil na escrita.

Para Italo Calvino, há uma tensão entre a ficção (a invenção, a fábula) e a tentativa de se apreender o real (a fotografia, por exemplo). Assim, o cristal e a chama seriam duas formas do que

[19] BLAUFUKS, 2007, p. 34.

ele chamou de beleza perfeita e *Sob os céus estranhos* poderia ser um exemplo desse tipo de beleza narrativa. Seriam, esses dois elementos, metáforas da tensão entre duas maneiras de se narrar, de despender a matéria circunstante, dois símbolos morais, dois absolutos, duas categorias não só para classificar fatos, ideias, estilos e sentimentos, mas uma estratégia para fazer migrar a petrificação da memória para a escritura da vida.

A primeira categoria aponta para a construção do texto por meio de imagens que não poderiam, a princípio, variar, como a fotografia, tradicionalmente enquadrada na moldura e regular como os cristais, pertencentes a um arquivo ou coleção fechada; por outro lado, a segunda seria a intervenção do artista nessas imagens, a presença bruxuleante de formas impregnadas de sombras, pontilhamentos, causam um efeito de resíduo ou resto nas imagens, sempre em movimento e rearranjo que poderia representar a chama.[20]

Essas duas estratégias de construção textual produzem um efeito de luz e sombra, de corte e recorte. Blaufuks, abrindo arquivos, forjando, no sentido de colocar na forja, textos em que a memória, a história, a vida, não é um registro em pedra, mas uma rede de traços, de processamentos, de sinais.

A última imagem do livro é uma fotografia, mas parece uma pintura, com um adulto e duas crianças indo, em tons ocres e amarelos, em direção ao infinito. O pequeno texto final que a

[20] Cf. CALVINO, Italo. *Seis propostas* para o próximo milênio. Trad. Ivo Barroso. São Paulo: Companhia das Letras, 1991. p. 84-85.

acompanha deixa vislumbrar, talvez, para o leitor, o que resta de um passado que é naquele contexto encenado:

> Agora estou deste lado do ecrã, revendo todas as fotografias e velhas bobines de 8 mm e vejo todos os que, um a um, foram partindo, levando um pouco de mim para sempre.
> Estranhamente, também eu, de certa forma, me tornei num exilado.
> Possivelmente debaixo daquelas árvores de que o meu avô tanto gostava.[21]

O leitor não sabe, nem saberá jamais quem são aqueles personagens. Também não saberá quem é o eu que está a dizer, nessa precária conclusão, de suas perdas em meio ao arquivo do mundo. O que resta? Somente, como queria Barthes, coleções parciais de objetos parciais? O filho, como no romance de Ilsa Losa, apontando para o futuro? Talvez sim. No entanto, a consciência da condição de exilado do autor-narrador, reenvia o leitor para a tradição, que reescrita, permeia os arquivos possíveis da memória contemporânea.

---

[21] BLAUFUKS, 2007.

Sobre a autora

Lyslei Nascimento é Doutora em Letras: Literatura Comparada pelo Programa de Pós-Graduação em Estudos Literários da UFMG. Realizou estágio pós-doutoral na Universidade de Buenos Aires e na Universidade de São Paulo. Atualmente, é professora de Teoria da Literatura e Literatura Comparada na Faculdade de Letras da UFMG e subcoordenadora do Programa de Pós-Graduação em Letras: Estudos Literários da UFMG. Bolsista de Produtividade do CNPq, coordena o Núcleo de Estudos Judaicos da UFMG e o GT de Literaturas Estrangeiras da ANPOLL. Foi vencedora, em 2015-2016, do *Travel Award for Latin American Jewish Research* da Universidade do Texas, em Austin, onde foi Visitant Scholar / Visitant Researcher.

Editora, desde 2007, da *Arquivo Maaravi*: Revista Digital de Estudos Judaicos da UFMG. Publicou, em 2009, *Borges e outros rabinos*, pela Editora UFMG. Coorganizou: *O corpo em performance: imagem, texto, palavra*, de 2003, com Antonio Hildebrando e Sara Rojo; *Os fazedores de Golems*, com Luiz Nazario, em 2004, pela FALE / UFMG; *Estudos Judaicos: ensaios sobre literatura e cinema*, em 2005, com Elcio Cornelsen, pela FALE / UFMG; *Estudos Ju-*

daicos: Brasil, com Luiz Nazario, em 2007, pela FALE/UFMG; *Da fabricação de monstros*, com Julio Jeha, em 2009, pela Editora UFMG; *A Bíblia e suas traduções*, com Carlos Gohn, em 2009, pela Humanitas/USP; *Estudos Judaicos*: *Shoá, o mal e o crime*, com Julio Jeha, em 2012, pela Humanitas/USP; *Estudos Judaicos*: *Torá*, com Gerson Roani, em 2014, pela Oficina Raquel; *Crime e transgressão na literatura e nas artes*, com Julio Jeha e Laura Juárez, em 2015, pela Editora UFMG; *Estudos Judaicos*: *crimes, pecados, monstruosidades*, com Julio Jeha, em 2017, pela Humanitas/USP; *Criadores e criaturas na literatura*, com Julio Jeha, em 2017, pelo LABED/FALE; e *Desafios críticos*: *literaturas estrangeiras em pauta*, com Neide Nagae, em 2018, pela Quixote+Do Editoras Associadas.

Essa obra foi composta em Georgia e Palatino
e impressa sobre papel Pólen Bold 70g/m²
para a Quixote+Do Editoras Associadas.

FSC
www.fsc.org
MISTO
Papel proveniente de fontes responsáveis
FSC® C092828

PRINTED WITH SOY INK